ZHONGGUO TUDI TUIHUA YU
PINKUN WENTI YANJIU

# 中国土地退化与贫困问题研究

王建武·著

吉林出版集团股份有限公司

**图书在版编目（CIP）数据**

中国土地退化与贫困问题研究／王建武著. -- 长春：吉林出版集团股份有限公司，2015.12（2024.8重印）

ISBN 978 - 7 - 5534 - 9831 - 7

Ⅰ. ①中… Ⅱ. ①王… Ⅲ. ①土地退化－关系－贫困问题－研究－中国 Ⅳ. ①F323.211②F124.7

中国版本图书馆 CIP 数据核字（2016）第 006670 号

## 中国土地退化与贫困问题研究

ZHONGGUO TUDI TUIHUA YU PINKUN WENTI YANJIU

著　　者：王建武

责任编辑：杨晓天　张兆金

封面设计：韩枫工作室

出　　版：吉林出版集团股份有限公司

发　　行：吉林出版集团社科图书有限公司

电　　话：0431 - 86012746

印　　刷：三河市佳星印装有限公司

开　　本：710mm×1000mm　　1/16

字　　数：158 千字

印　　张：12.75

版　　次：2016 年 4 月第 1 版

印　　次：2024 年 8 月第 3 次印刷

书　　号：ISBN 978 - 7 - 5534 - 9831 - 7

定　　价：56.00 元

如发现印装质量问题，影响阅读，请与印刷厂联系调换。

# 前　言

　　本书从地理空间分布入手，结合 GIS 软件绘图方法论证土地退化与贫困是否存在相关性。以县为最小分析单位，分析土地退化县中贫困县的分布。分析尺度从全国到中东西部，再到西部土地退化发生的主要 6 省。分析结果表明，在我国西部，土地退化与贫困存在较大的相关性。

　　在地理空间分布方法的基础上，本研究选取土地退化与贫困相关性较大的陕西省，运用土地退化指标数据与单位面积第一产业总值，人均第一产业总值和农民人均收入等数据进行相关性分析。发现土地退化是通过影响土地生产力进而影响人均第一产业总值来影响农民人均收入。在此基础上，采用多元线性回归方法，以农民人均收入为因变量，人均农业用地面积、单位农业用地面积化肥使用量、第一产业总值占 GDP 比例和土地退化指标（土地退化与否的虚拟变量、土地退化百分比和土地退化程度的序列变量）为自变量来分析。结果表明，在陕西省农民人均收入受土地退化影响最大，达到 330 元，我们把这种贫困定义为"土地退化型贫困"。

　　通过对土地退化贫困县的人口按收入的比例构成分析，本书估算出在农民人均收入在土地退化脱贫区间（295～625 元）的人口比例，在陕西省是 18.37 万人口脱贫，占这些贫困县总人口的

5.5％，贫困人口的 68.7％。我国西部 6 省区（陕西、青海、新疆、宁夏、甘肃、内蒙古）的 82 个土地退化贫困县将有 136.58 万人口脱贫，占这些县人口的 6.71％。从贫困县来看，将会有 36 个贫困县的农民人均平均收入超过 1999 年国定贫困县的平均水平，占土地退化贫困县的17.5％。

本研究从探讨土地退化防治的可能性的理论入手，通过对土地退化的防治技术和组织制度的供给以及我国土地退化防止的案例的研究，来说明我国土地退化防治的可能性以及通过土地退化防治来缓解贫困。

最后，对我国退化土地治理比较大的工程项目：退耕还林还草工程、三北防护林工程和京津风沙源治理工程等作出评价和政策建议。

# 目　录

**第 1 章　引　言** ……………………………………………… 1

1.1　问题的提出 ………………………………………… 1

1.2　分析方法 …………………………………………… 7

1.3　主要内容 …………………………………………… 8


**第 2 章　文献综述** …………………………………………… 15

2.1　贫困与土地退化的理论分析 ……………………… 15

2.2　贫困与土地退化研究方法 ………………………… 49

2.3　评　论 ……………………………………………… 66


**第 3 章　中国土地退化与贫困状况** ……………………… 68

3.1　我国土地退化的分布状况 ………………………… 68

3.2　我国贫困状况分布图 ……………………………… 78

3.3　土地退化与贫困空间分布的相关性 ……………… 83


**第 4 章　土地退化与贫困相关性分析** …………………… 93

4.1　土地退化与贫困分析方法 ………………………… 93

4.2　土地退化与贫困分析结果 ………………………… 99

4.3　土地退化型贫困对我国贫困的影响 ……………… 108

**第5章 土地退化治理与缓贫分析** …………………… 113

5.1 土地退化可防治的理论分析 …………………… 113

5.2 土地退化防治的技术、组织制度供给 …………… 118

5.3 退化土地治理与经济发展、脱贫的理论和实践 ……… 123

**第6章 土地退化治理进展与评价** …………………… 136

6.1 我国进入土地退化治理良好时机 ……………… 136

6.2 治理退化土地的主要工程 ……………………… 138

6.3 我国土地退化治理评价 ………………………… 162

**参考文献** ……………………………………………… 191

# 第 1 章　引　言

## 1.1　问题的提出

### 1.1.1　我国的土地退化问题

中国是受土地退化危害最为严重的国家之一，据 1999 年第二次全国荒漠化、沙化监测结果显示，全国荒漠化面积已达 267.3 万平方千米，占国土面积的 27.9%；与 1994 年监测结果相比，5 年净增荒漠化土地 5.20 万平方千米，年均增加 1.04 万平方千米。全国沙化土地总面积到 1999 年为 174.31 万平方千米，占国土面积的 18.2%；与 1994 年普查同等范围相比，5 年沙化土地净增 1.72 万平方千米，年均增加 0.34 万平方千米[①]。

亚洲开发银行 6 月 18 日发布的"2001 年亚洲环境展望"显示，土地退化是中国农村地区贫困的主要原因。目前，中国 28% 的土地受到荒漠化影响，约 90% 的农村贫困人口依赖退化的土地生存。

中国是世界上受荒漠化危害最为严重的发展中国家之一，荒

---

① 中国防治荒漠化协调小组办公室：《中国荒漠化报告》，1996.11。

漠以每年 2460 平方千米的速度扩展，相当于每年吞噬一个中等县的土地面积。荒漠化造成土地生产力的严重衰退。1949 年以来，全国已有 1000 万亩耕地、3525 万亩草地和 9585 万亩林地成为沙化土地，荒漠化地区耕地和草地退化比例分别为 40.1％和 56.6％。每年因土地沙化造成的直接经济损失高达 540 亿元，约为西北五省区 1996 年财政收入总和的 3 倍。间接经济损失是直接经济损失的 2～3 倍。

1995 年，荒漠化地区农村人均收入（GNP）仅为 1014 元，是全国平均水平的 34.2％，是东部地区的 1/5。全国超过 60％的国家级扶贫重点县和 1/4 的贫困人口分布在荒漠化地区，成为我国扶贫攻坚的重点、难点地区。

有近四亿人口生活在受荒漠化影响的区域内。仅"三北"地区就有 1300 万公顷农田受风沙危害，粮食产量低而不稳，1 亿公顷草场严重退化，数千里千米的铁路和公路常年受到风沙威胁。全国有 5 万多个村庄经常受到风沙危害，沙压村舍，沙进人退，成千上万农牧民成为"生态难民"。

黄河年均输沙 16 亿吨，其中就有 12 亿吨来自沙漠化地区。全国有 3000 多千米铁路、3 万千米公路和 5 万多千米渠道常年受到风沙危害。

土地退化的主要原因之一是无视负外部性的影响。例如，内蒙古的阿拉善盟，历史上曾是水草丰美的天然牧场。20 世纪 60 年代以来，由于上游地区大量使用黑河水资源，进入绿洲的水量由 9 亿 $m^3$ 降至不足 2 亿 $m^3$，致使东西居延海干枯，几百处湖泊消失，93 万 $hm^2$ 天然林枯死，额济纳绿洲正以每年 1300 多 $hm^2$ 的速度急剧萎缩。

新疆塔里木河流域，上游地区长期大量开荒造田已造成下游 350km 河道断流，阻隔塔克拉玛干沙漠和库木塔格沙漠的"绿色走廊"逐渐消失，罗布泊、台特马湖已经干枯沦为沙漠。

在 1987—1996 年的 9 年间，由于滥砍滥伐和过度放牧，河北围场县和内蒙古多伦县的森林面积由 36.35 万公顷减少到 22.24 万公顷，流沙面积由 6.8 万公顷增加到 12.91 万公顷。

20 世纪 50 年代，内蒙古浑善达克沙地还是一片绿洲。60 年代以来，土地退化和沙化现象逐步加剧。从 20 世纪 50 年代到 90 年代，这里沙漠化土地平均每年扩展 103 平方千米，沙化土地由零星分布状态变为连片分布。

位于北京市北部的河北坝上地区近 9 年流沙面积增加了 89.9%，直接威胁北京的生态安全。

20 世纪 50 年代到 70 年代末，西北地区先后三次大规模毁草毁林开荒。近几年，特别是在农牧交错区，一些农民为了致富，便把目标投向沙荒地的开垦，毁林毁草的势头很猛。二是过度放牧。50 年代以来，我国牧区牲畜由 2900 万头增加到 9000 多万头，而草地面积却因开垦、退化、沙化而逐年减少。三是滥采滥伐。我国沙区现有薪炭林 24.7 万公顷，每年能提供薪柴 594 万吨，仅占实际薪柴需求量的 14.2%，这种巨大缺额造成更大规模的滥砍滥伐，形成恶性循环。四是滥挖野生中药材等沙生植物。据测算，每挖一千克甘草要破坏 0.53 至 0.67 公顷土地。五是水资源利用不合理。大水漫灌溉造成水资源浪费，又使土地盐渍化。上游有组织地大规模开垦，违反规划过量用水，修建水利工程拦蓄淡水，造成下游水量减少，河水断流，植被死亡。过度开采地下水，导致地下水位下降到植物根部吸水层以下，造成植被衰败，直至枯死。

据统计，中国西北部地区从公元前 3 世纪至今共发生沙尘暴 111 次，13 世纪后出现的次数增多，20 世纪已发生 49 次。西北历史人口与各世纪发生沙尘暴次数的曲线图非常相似，反映出人口的快速增长导致自然资源的过度开发利用。

自然的荒漠化现象是一种以数百年到数千年为单位的漫长的地表变化。而现在发生的这种全球性人为的荒漠化则是以十年为单位的看得见的土地荒废。在几乎没有降雨的荒漠地带，人类无法居住。但是，在与此相邻的半干旱地带也有生产能力较高的地区。在这些地区，游牧民和农民巧妙地生活着。然而，这些地区也正在受到过度开发。

在中国，直接受荒漠化危害影响的人口约 5000 多万人。西北、华北北部、东北西部地区（简称"三北"）每年约有 2 亿亩农田遭受风沙灾害，粮食产量底而不稳定；有 15 亿亩草场严重退化；有数以千计的水利工程设施因受风沙侵袭排灌效能减弱。

## 1.1.2 我国的贫困问题

贫困问题是一个世界性问题，而减少贫困乃至消除贫困始终是世界各国面临的重大主题之一。在过去的 20 多年中，中国大大缓解了贫困现象。1978 年，中国的国定农村贫困人口数是 2.5 亿，占当时农民人口的 33.1％，而到了 2000 年，中国国定农村贫困人口数减少到 3000 万，占农民人口的 3％。

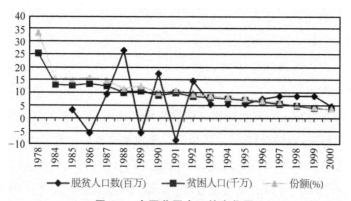

**图 1-1 中国贫困人口的变化图**

资料来源：国家统计局农村社会经济调查总队，《中国农村贫困监测报告》，中国统计出版社，2000，第 16 页；中国社会科学院农村发展研究所与国家统计局农村社会经济调查总队合著，《1999—2000 年中国农村经济形势分析与预测》，2000 年，第 124 页。

虽然我国在扶贫上取得了一定的成绩，但一个不容忽视的事实就是我国的贫困人口绝对数仍是巨大的。1998 年，世界有 12 亿贫困人口，其中，中国的贫困人口为 2.1 亿，占世界的17.5％[①]。可以说贫困问题仍旧是中国面临的一个重大问题。

我国贫困具有以下特征：

### 1. 主要分布在西部地区

由于东部经济发展较快，贫困的缓解较快。东部农村贫困人口占全国比例由 1988 年的 17.8％下降到 1999 年的 10.6％；西部经济发展缓慢，农村贫困人口占全国比例由 1988 年的47.5％上升到 1999 年的 56.4％；相对全国经济发展速度，中部的经济发展不快不慢，农村贫困人口占全国比例变化不大，1988 年为 34.7％，1999 年为 33.1％。实际情况表明，中国现在贫困人口越来越集中于西部[②]省区。

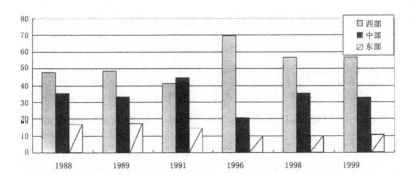

**图 1-2 中国贫困人口区域分布**

---

① 资料来源：世界银行：《2000/2001 年世界发展报告》，中国财政经济出版社 2001 年版。
② 本书的西部地区包括：陕西、宁夏、甘肃、青海、新疆、重庆、四川、贵州、云南、西藏；中部地区包括：黑龙江、吉林、内蒙古、山西、河南、安徽、湖北、湖南、江西；东部地区包括：辽宁、河北、北京、天津、山东、江苏、上海、浙江、福建、广东、广西和海南。

## 2. 主要分布在土地退化的环境恶劣区域

我国的地势特点是西高东低。高原和高山大多分布在西部，丘陵和平原集中在东部沿海，地势由西南部的青藏高原向东部的平原地带逐级下降。由于我国是季风显著地区，季风气候扩大了东西部自然环境的差异，使得我国降水分布不均，年降水量从东南沿海向西北内陆递减。我国东西部地形地势以及气候条件差异，加上社会经济条件的历史因素的影响，使我国的人口密度和农业生产的发展水平呈现出由东向西梯度下降的态势。其贫困县的地区分布情况大致是，大部分位于西部落后地区，一部分位于中部较发达地区，少量位于东部沿海发达地区。

我国西部不仅贫困县分布较多，而且在我国发生荒漠化的 470 个县中，西部就有 289 个，占全国的 61.5%；发生沙化的 831 个县中，西部有 419 个，占全国的 50.4%。西部 12 省区共有 912 个县，占全国 2086 个县（除港澳台外）数的比例为 43.7%。西部以县为单位的荒漠化发生率为 31.7%，对应与全国的 22.5%；西部以县为单位的沙化发生率为 45.9%，对应与全国的 39.8%；由此可见，西部发生荒漠化和沙化的百分比分别比全国高出 9 个和 7 个百分点。

不仅在数量上西部的 12 省份发生率较高，在土地退化的程度上西部土地退化的程度更高。我国荒漠化土地面积 267.4 平方千米，西部七省区（新疆、内蒙古、西藏、青海、甘肃、宁夏、陕西）发生荒漠化的面积为 260.3 平方千米，占全国的 97.3%。我国沙化面积为 174.31 平方千米，西部八省区（新疆、内蒙古、西藏、青海、甘肃、宁夏、四川、陕西）发生沙化面积为 166.28 平方千米，占全国的 95.4%。

## 3. 西部贫困人口脱贫缓慢

进入 20 世纪 90 年代以来，我国贫困人口减少了 6000 万，其中东部脱贫人口 1032 万，中部 3003 万，西部 1965 万[①]。脱贫比例分别为 74.2%、72.8% 和 50.6%。西部比东中部分别少了 23.6 和 22.2 个百分点。

造成贫困的原因是多方面的，有历史原因、自然及环境原因、家庭与个人原因、收入分配原因。其中土地退化是影响中国贫困地区的一个比较重要的因素。从总量上看，土地退化造成的直接经济损失（500 多亿元）约占中国经济总量的 1%。考虑到这 500 多亿元集中在农业上，而农业占国民经济总量的份额在 1/5 左右，所以其对农业的影响约为 5%。这部分损失又主要集中在贫困地区，1999 年，592 个贫困县的第一产业增加值 2144 亿元，人口 2.2 亿人，其中 3/4 的贫困县位于土地退化严重地区，该范围内的第一产业增加值为 1600 亿元，人口 1.65 亿人，土地退化造成的直接经济损失占贫困地区第一产业增加值高达 1/3 左右；1.65 亿贫困人口承担数百亿元的经济损失，是一件特别严重的事情。

## 1.2 分析方法

由于我国划分贫困以县为最小单位，国家扶贫计划瞄准的也是县级单位，故本书以县级为单位来分析土地退化与贫困的相关性。运用地理的空间分布方法，结合 GIS 软件绘图方法在我国地图上直观反映土地退化与贫困的相关性。还采用农业用地面积、土地退化等地理指标和农民人均收入，人均第一产业总值等经济指标来对土地退化进行相关性分析和多元回归分析。

---

① 资料来源：国家统计局农村社会经济调查总队：《中国农村贫困监测报告》，中国统计出版社 2000 年版。

## 1.3 主要内容

本研究的主要内容分三部分，第一部分介绍选题的意义并对以前相关研究加以综述。。第二部分分析土地退化和贫困的相关性，通过考察贫困县与土地退化县的地理分布来分析贫困与土地退化的相关性，并运用计量模型来分析土地退化与贫困的相关性。第三部分是土地退化防治部分，分析从治理土地退化入手来消除土地退化型贫困的可能性，并对治理退化土地、化解贫困进行研究和展望。

### 1.3.1 选题意义

在过去20年中，中国极大地减少了贫困现象。贫困发生率逐年下降，但绝对贫困人口依然很多，数据表明，中国的贫困问题依然是一个严峻问题。20世纪90年代以来，中国的贫困问题进一步向西部省区集中。居住在中国西部贫困人口的比例从20世纪80年代后期的不到一半增加到90年代中期的三分之二以上。这些穷人大部分居住在边远的乡镇和村庄，特别是山区，降水量低，土地难以维持低水平的简单再生产而且退化严重。还有证据显示，20世纪90年代以来，相对于中东部来说，西部贫困人口脱贫缓慢。在土地退化严重的西部，贫困人口大量集中而且脱贫缓慢的现象提醒我们，土地退化与贫困存在某种关系。

### 1.3.2 土地退化和贫困的相关性

从土地退化与贫困的地理分布入手，分析土地退化与贫困在地理分布上的重叠性。

我国土地退化比较严重，占国土面积的 27.9%，并且每年还在不断地增长。我国的土地退化在地理上的分布特征是：97.3% 的退化土地分布在西部，就相同单位面积的土地，西部发生土地退化率是东中部的 15.4 倍；西部退化严重的省份是新疆、内蒙古、西藏、青海、甘肃、宁夏、陕西等 7 省；我国土地退化在利用类型上主要表现为草地退化，有 105 万平方千米。

我国贫困的地理分布特征是：主要分布在西部，有 56.4% 的贫困人口集中在西部，63.34% 的国定贫困县分布在西部。由于西部人口只占全国人口的 28.1%，所以从贫困发生率来看，1999 年西部 5.7% 要远远高于中部和东部的 1.7% 以及全国 3.7% 水平。

在我国 471 个土地退化县中，有 161 个贫困县，贫困县发生率为 34.4%，要远远高于非土地退化县的 23.8%。西部是土地退化严重发生地区，也是贫困发生率最高的地区，贫困与土地退化最相关的省份是陕西、内蒙古、新疆和青海，在这些省区中的土地退化县有 40% 以上为贫困县，大大超过全国 25.9% 的水平。其中以陕西省最为突出，陕西省的土地退化县全部为贫困县。

在此基础上，我们运用计量分析方法来分析土地退化县的农业用地面均第一产业总值、人均第一产业总值、农民人均收入等经济指标（以陕西省为例）。

首先，我们把陕西土地退化县与非土地退化县分成两个总体来对比它们的经济指标。由于土地退化县的土地生产力下降，使得农民人均第一产业总值相比未土地退化县低了 638.27 元；而对比人均 GDP，两者差距是 739.77 元，可以说，对于土地退化县和未发生土地退化县，它们的人均二、三产业总值差别不大，或者说相比人均第一产业总值这个差别很小。

其次，我们来分析陕西省 91 个县中土地退化发生与否和土地退化百分比这些土地退化指标与农业用地面均第一产业总值、人均第一产业总值、农民人均收入等经济指标的两两相关性。结果说明，土地退化指标与农业用地面均第一产业总值、农民人均第一产业总值、农民人均收入等三个指标的相关性显著，并且它们的相关系数都大于 0.2。其中，土地退化指标与农业用地面均第一产业总值、农民人均第一产业总值的相关性更大一些，说明土地退化是通过影响单位面积第一产业总值和农民人均第一产业总值来影响农民人均收入。

最后，我们用多元线性模型回归法，分土地退化虚拟变量、土地退化面积百分比和土地退化程度（轻度、中度、重度）三个尺度来分析农民人均收入与土地退化的关系。土地退化虚拟变量的回归结果是土地退化县的农民人均收入要比未发生土地退化的县低 261 元左右。土地退化百分比的结果显示完全土地退化会造成农民人均收入 330 元的损失。而土地退化重度县要比土地退化轻度县农民人均收入低 277 元左右。通过对比，用土地退化百分比所作模型的系数发现，土地退化对农民人均收入影响最大。说明，陕西土地退化县的贫困主要是由土地退化造成的，我们把这种贫困定义为"土地退化型贫困"。

在分析完土地退化对农民人均收入影响之后，我们对土地退化造成农民人均收入 330 元损失作一个分析，假定没有这 330 元损失，会有多少人脱贫。通过对陕西贫困县的人均收入的人口分布，我们估计有 18.37 万人口脱贫，占这些贫困县贫困人口的 68.7%。我国西部 6 省区（陕西、青海、新疆、宁夏、甘肃、内蒙古）的 82 个土地退化贫困县将有 136.58 万人口脱贫，占这些县人口的 6.71%。从贫困县来看，将会有 36 个贫困县的农民人均收入超过 1999 年国定贫困县的平均水平，占土地退化贫困县的 17.5%。

### 1.3.3　土地退化防治

从土地退化可防治的理论分析入手，通过对土地退化的防治技术和组织制度的供给以及我国土地退化防治的案例的研究，来说明我国土地退化防治的可能性以及通过土地退化防治来缓解贫困。

土地退化可防治的理论包括：

（1）土地的承载力具有可再生性，土地的承载力对来自外部的冲击有一定的应对能力，只要对土地承载力的利用不超过它的自调节能力的阈值，土地的承载力具有可再生性。

（2）土地的承载力具有可修复性，只要这种负面影响不超过它的可修复的阈值，这类措施造成的负面影响是可以消除掉的。

（3）土地的承载力具有递增性，土地的承载力不是固定不变的，通过采取一些措施，包括挖掘和提升土地承载力的技术措施、增加土地承载力的建设措施，以及与之配套的激励政策和机制，涵盖技术进步、价格机制和法律、法规等诸多方面，可以提升土地的承载力。人类的发展史也就是土地承载力不断增加的历史。

退化土地治理一般有如下几种技术，一种是防护退化土地的，如生态移民、调整产业结构、植物固定流沙技术、干旱绿洲防护林技术、干旱半干旱地区径流造林技术、流动沙地飞播造林种草技术、铁路及公路防沙技术。另外一种是治理退化土地的，如退耕还林还草、植树种草和小流域治理。

土地退化防治按照防治主体划分为政府治理模式、社区治理模式和农户治理模式。按照退化防治的组织又可划分为合作治理模式、股份合作模式、企业治理模式。

土地退化防治对缓贫的贡献有：提高或稳定贫困地区的农产品产量，增加农民的收入；改善贫困地区的农业生产条件；改善贫困群体的生活条件；改善贫困地区的发展环境。

我国土地退化防治近年来取得了很大的成绩，到如今，我国共治理沙化土地面积占全部面积的10%左右，部分缓解了我国土地退化和环境恶化的趋势。如乌市实施退耕还林还草以后，到

2000 年，粮食种植面积减少一半，在由原来的 2400 万亩减少到 1200 万亩的情况下，产量翻了一番，人均粮食 500 多千克；畜牧业年均饲养量以 10% 的速度递增，农牧民人均收入达到 2003 元。原有的 6 个国家级贫困县实现整体脱贫。

### 1.3.4 我国土地退化防治的进展及其评价和建议

随着我国人民收入的提高，国民的环境意识大大增强。防治沙尘暴、沙漠、土地退化的呼声越来越高；国民经济的快速发展、国力提高使得我们有能力进行土地退化防治；土地退化的负外部性使得政府干预成为必然，公共财政的改革的方向更有利于财政向环境治理等公共物品的提供倾斜。另外，进入新世纪以来，我国农业进入一个新阶段，由短缺经济向剩余经济转变，使得我国可以把一些生产效率低的坡地和边际地轮耕、停耕、休耕或退耕。同时，加入 WTO 后的国际形势要求我们发挥自己的比较优势（劳动力密集优势），开展高效、精作农业，而土地作为我们的稀缺资源应该予以精心防护。

为了防治土地退化，我国启动了许多工程和项目。其中比较大的有退耕还林还草工程、三北防护林工程、京、津风沙源治理工程等。

退耕还林还草工程的基本的政策是"退耕还林、封山绿化、以粮代赈、个体承包"。1999 年在四川、陕西、甘肃三个省开始试点，2000 年在 17 个省、自治区、直辖市的 188 个县全面正式启动。2002 年发展到 25 个省（自治区、直辖市）和新疆建设兵团，涵盖了除山东省外我国大部分土地退化县。根据规划，退耕还林工程的建设范围将扩大到 30 个省（区、市）。

三北防护林工程从 1978 年起，计划用 73 年时间，在横跨中国西北、华北、东北 4480 千米的风沙带建设防护林体系工程。按照总体规划，工程建设自 1978 年开始至 2050 年结束，分三个阶段八期工程进行。1978 年至 2000 年为第一阶段，2001 年至 2020 年为第二阶段，2021 年至 2050 年为第三阶段。第一阶段已经实施了三期工程，从今年起进入第二阶段，实施第四期工程。三北防护林工程建设范围涉及三北地区的 13 个省（区、市）的 590 个县（旗、市、区），涵盖了大部分土地退化县，总面积 405.39 万平方千米，占国土面积的 42.2%。这一区域，分布着我国的八大沙漠、四大沙地和广袤的戈壁，面积达 158 万平方千米。

京、津风沙源治理工程计划用 10 年时间，通过采取对现有植被的保护、封山（沙）育林、人工造林、飞播造林、退耕还林、草地治理等生物措施和小流域综合治理、舍饲禁牧、生态移民等工程措施，使森林覆盖率显著增加，可治理的沙化土地基本得到治理，风沙天气和沙尘天气明显减少，使京津及周边地区生态有明显的改善，从总体上遏制土地沙化的扩展趋势。建设项目分为造林营林、退耕还林还草、草地治理、水利配套设施建设和小流域治理等。工程涉及北京、天津、河北、山西和内蒙古五省（区、市）75 个县，总面积 45.8 万平方千米，其中沙化土地和水土流失 10.18 万平方千米。

退耕还林还草工程、三北防护林工程和京、津风沙源治理工程在治理生态环境、提高经济发展水平和农民收入、增加社会效用等方面都取得了很大的成绩，但还存在一些问题。如在林种选择上存在重林、轻草，重经济林、轻生态林的倾向；在成果的保护上由于后续产业开发滞后导致成果有被丧失的可能；资金缺乏问题；管理问题。我们要不断总结经验。面对在各地出现的新问题，国家要及时做出政策调整。

退耕还林、生态移民、三北防护林建设和小流域治理等都是从面上解决土地退化问题，等土地已退化了再来防治，比较被动。要在土地未退化之前就进行防护才是从更高层次上解决西部乃至全国的土地退化和环境问题的方法。

为此，在发展经济的同时，要加快推进现代农业建设，发展资源节约和集约经营的技术密集型产业。同时加快推进农业产业结构调整和产业化经营，建设农区畜牧业、草业、良种与栽培饲养管理、综合农田节水、农产品加工、农村能源等一体化产业系统。

有些地方的土地荒漠化是自然原因的结果，我们不要逆大自然而为。我们要做的是减少人为的影响。生态系统是生物体与气候、水、土等诸因素组成的一个相互依存和制约，相对稳定和有自我恢复功能的大系统。某种人为因素的介入可以打破它的稳定和平衡，一旦介入因素削弱或消失，该系统具有逐渐恢复到接近盂原自然生态系统状况的自我修复能力。

# 第 2 章　文献综述

## 2.1　贫困与土地退化的理论分析

### 2.1.1　贫困的概念和本质

有关贫困的概念有很多说法，一般都认为贫困是指缺少必要的生活资料或生产资料而导致生活比较差。具体归纳为以下几种：

1. 生物学方法

罗恩特里（Seebohm Rowntree）（1901）定义了"处于基本贫困"（primary poverty）的家庭，他认为一个家庭处于基本贫困是指，其"总收入不足以获得维持体能所需要的最低数量的生活必需品"。

2. 不平等方法

米勒（Miller）和罗比（Roby）（1971）认为贫困就是不平等，他们从社会等级的角度来考察贫困问题，认为贫困问题的本质就是一个不平等的问题。他们认为贫困主要反映在一个社会中最富有的 20％人口或 10％人口与这个社会中的其他人在收入分配上的差别的性质及大小。

### 3. 相对贫困

相对贫困（relative deprivation）论认为贫困的概念是相对的。图恩森德（1974）认为，可以用"相对贫困"来描述贫困，即与另一些人相比，一些人在某些方面的欲望得到了较少的满足，如收入、舒适的职业或权利等。

### 4. 价值判断

奥善斯基（Mollie Orshansky）（1969）认为：贫困，就像美那样，只存在于注视者的眼中。同时认为，在很大程度上贫困是一个主观的事情；贫困是令人厌恶的事情，消灭贫困是道德上的善举。

### 5. 政策性的定义

他们认为贫困的度量应该建立在这样的一种标准之上，这个标准就是反映政策目标或人们关于政策应该是什么的看法的公共政策标准。美国收入补贴总统委员会（United States President's Commission on Income Maintenance）在其报告《贫困与富裕》（1969）中写道：如果社会认为，人们不应该死于饥饿或没有住所，那么，它就会把贫困定义为缺乏维持生命所必需的最低数量的食品和住房；如果社会认为，它有责任为人们提供的不仅仅是生存手段，如健康的身体，那么它就应该在生活必需品中再加上预防或治疗疾病所需要的资源。

### 6. 贫困：识别与加总

阿马蒂亚·森（Amatya Sen）（1981）认为贫困的度量可以分

为两个步骤，即贫困的识别和把贫困人口的特征加总成一个总度量。贫困的识别是确定一个"基本"或"最低"生活必需品集合。贫困的加总可以用一个公式来表示：

$$P = H\{I + (1-I)\}G$$

$P$——贫困指数

$H$——贫困人口比率（贫困线之下人口的比例）

$I$——收入缺口比率（穷人的平均收入与贫困线的差距的百分比）

$G$——穷人之间收入分配的基尼系数。

### 7. 穷人的定义

本着当事人最有发言权的道理，世界银行贫困问题领导小组的迪帕·纳拉扬（Deepa Narayan）（2000）通过对 50 个国家的 4 万多名穷人的调查，用参与式评价（PPA）方法让穷人自己对贫困下定义，得出以下结论：贫困是一个复杂的现象，具体表现为所需物资福利的缺乏，包括食物、房屋、土地和其他财产，还包括基础设施、医疗设施的缺乏。同时，穷人缺乏发言权、能力以及免受剥削的独立性。穷人关注资产而不是收入，并认为物资、人力、社会和环境的资产的缺乏与他们的脆弱性和面对风险时的无能为力密切相关。

### 8. 笔者的观点

从字面上看，贫困是一个人因为"贫"（某种物资的缺乏），并因此"困"住，陷在困境中。穷人与其他人的区别在与穷人缺少某种物资，当这种物资是粮食、住房等生活必需品时，这种贫困就叫绝对贫困。当这种物资是权利、自由，如平等参与工作、平等享受各种自由等，此时的贫困称为相对贫困。

### 2.1.2 贫困标准和贫困县定义

#### 1. 贫困标准 (poverty level)

贫困标准是识别穷人和评价反贫成果的客观依据。中国官方给贫困标准下的定义是：所谓贫困标准，是在一定时间、空间和社会发展阶段的条件下，维持基本生存所必需的物品和服务的最低费用（王生铁，1997）。

20世纪80年代中期，国家统计局和国务院扶贫办合作制定了中国第一个正式的贫困标准。该标准的理论依据是绝对贫困理论，关注的是人们的基本生存问题，实质是温饱标准。贫困标准包括两部分：一部分是满足最低营养标准的基本食品需求，即食物贫困线；另一部分是最低限度的衣着、住房、交通、医疗及其他社会服务的非食品消费需求，即非食物贫困线。

食物贫困线的确定过程是：根据当年中国农村住户抽样调查分户资料计算低收入组的食品消费清单，根据营养学家建议的每人每天2100大卡必需的营养标准调整食品消费量，再乘以对应的价格并求和。非食物贫困线的确定过程是：1995年以前，主要根据非食品消费支出比重来计算非食物贫困线。1995年以来（包括1995年），国家统计局采纳了世界银行的建议，根据食品消费支出函数回归模型来客观计算低收入人群的非食物消费支出。在实际计算时，同时考虑了不同地区人们的消费习惯、家庭结构、生产结构等因素对居民的消费支出（特别是食品支出）产生的影响（国家统计局农村社会经济调查总队，2001）。

贫困线确定后具有相对稳定性。各个年份的贫困线要根据物价指数进行调整，所以用现价计量的贫困线是不断变化的，我国最近两年出现通货紧缩，所以用现价计量的贫困标准下降了（参见表 2-1）。

**表 2-1　中国历年农村贫困温饱标准**

| 年　份 | 贫困标准（元/人） | 年　份 | 贫困标准（元/人） |
|---|---|---|---|
| 1978 | 100 | 1992 | 317 |
| 1984 | 200 | 1994 | 440 |
| 1985 | 206 | 1995 | 530 |
| 1986 | 213 | 1997 | 640 |
| 1987 | 227 | 1998 | 635 |
| 1988 | 236 | 1999 | 625 |
| 1989 | 259 | 2000 | 625 |
| 1990 | 300 | | |

资料来源：中国农村贫困监测报告，2001，中国统计出版社。

### 2. 贫困县

贫困县是国家扶贫援助的基本经济单位。贫困县有国定贫困县和省定贫困县两种。通常把享受国家专项扶贫贷款的贫困县和享受"三西"农业建设专项资金扶持的贫困县叫作国定贫困县；由各省区确定的贫困县叫作省区定扶贫县（国务院扶贫开发领导小组办公室，1999）。

（1）国定贫困县的确定标准

1986 年，中央政府第一次确定了国定贫困县的标准：以县为单位，1985 年年人均纯收入低于 150 元的县和年人均纯收入低于 200 元的少数民族自治县；对民主革命时期做出过重大贡献，在海内外有较大影响的老区县，给予重点照顾，放宽到年人均纯收入 300 元。根据这个标准，共确定国定贫困县 331 个。

1994 年，中国政府在制定《国家八七扶贫攻坚计划》时，对原来制定的贫困县标准作了适当的修改。具体标准是：以县为单位，凡是1992年年人均纯收入低于400元的县全部纳入国定贫困县的扶持范围，凡是1992年人均纯收入高于700元的原国定贫困县，一律退出国家扶持范围。根据这个标准，国定贫困县调整为592个。

2001年年底，根据《中国农村扶贫开发纲要》（2001—2010）的要求，国务院扶贫办在"大稳定、小调整"的原则下，公布了592个新世纪扶贫开发工作重点县。调整标准是：东部和西藏不再安排重点县；以"八七扶贫攻坚计划"国定贫困县数量为基数，一般省份不变，对少数有特殊困难的省区予以适当的增加；用631指数法1计算，确定应增加县数的省及其具体数量（国务院扶贫办，2001）。

（2）省定贫困县确定的标准

全国没有统一的省定贫困县标准，由各省区根据当地经济发展状况和财政承受能力来自行确定。因此，不同省区贫困县的标准差异很大，例如1985年，江苏省和贵州省的贫困标准分别为人均纯收入为400元和200元。除了选择农民人均纯收入指标，有的省区还将人均占有粮食水平作为确定贫困县的指标之一。

### 2.1.3 贫困农户的收入结构

最近10多年，中国贫困农民的收入仍以农业为主，约占人均纯收入的56%～65%；农业收入又以种植业为主，其占农业收入的77%或人均纯收入的43%～50%，这两个指标分别比非贫困地区高14个百分点和12.6个百分点。农业的收入份额在人均纯收入增长的情形下没有下降，说明其仍是收入增长的主要来源（参见表2-2），其次是工资性收入，其份额占人均纯收入的20%～25%，如果加上迁移收入，则超过了30%，工资收入和迁移收入占了人均纯收入的近1/3，说明外出打工已经成为贫困地区农民增加收入的另一个重要途径。其他来源的收入较少，加总在一起几乎没有超过人均纯收入的 20％，且随着时间的推移趋于减少。

表 2-2　中国贫困地区的人均纯收入及收入来源　　单位：元

| 年份 | 人均纯收入 | 农业 | 种植业 | 工资 | 迁移收入 | 转移收入 | 其他 |
|---|---|---|---|---|---|---|---|
| 1990 | | 62.8 | 48.1 | 20.2 | | 3.6 | 13.4 |
| 1991 | | 61.3 | 45.7 | | | | |
| 1992 | 416.69 | 58.5 | 43.1 | 23.5 | | 3.9 | 14.1 |
| 1993 | 483.70 | 59.1 | 47.6 | 21.1 | | 3.7 | 16.1 |
| 1994 | 648.30 | 58.4 | 48.4 | 21.5 | | 3.9 | 16.2 |
| 1995 | 823.90 | 58.0 | 49.1 | 22.4 | | 3.6 | 16.0 |
| 1996 | | 57.1 | 48.0 | 23.4 | | 3.6 | 15.9 |
| 1997 | 1237.12 | 55.9 | 45.1 | 24.6 | 8.3 | 3.8 | 7.4 |
| 1998 | 1317.55 | 59.7 | 45.0 | 25.1 | 8.1 | 2.1 | 5.1 |
| 1999 | 1346.88 | 65.3 | 50.7 | 21.1 | 9.0 | 2.8 | 1.7 |

表 2-3　1999 年贫困地区人均总收入结构　　单位：元

| 地区 | 东部 | 中部 | 西部 | 平原 | 丘陵 | 山区 | 革命老区 | 边境地区 | 民族地区 |
|---|---|---|---|---|---|---|---|---|---|
| 总收入 | 2350.39 | 1963.78 | 1605.28 | 2237.45 | 2071.04 | 1705.82 | 1898.76 | 1626.70 | 745.60 |
| 工资小计 | 550.57 | 385.16 | 213.05 | 373.53 | 411.38 | 304.96 | 436.84 | 220.50 | 238.59 |
| 农业 | 105.39 | 72.17 | 40.25 | 82.87 | 66.30 | 57.55 | 75.68 | 47.93 | 47.58 |
| 工业 | 185.61 | 139.48 | 52.12 | 108.71 | 131.07 | 96.69 | 151.25 | 52.53 | 66.92 |
| 服务业 | 259.57 | 173.52 | 120.67 | 181.95 | 214.01 | 150.72 | 209.92 | 120.04 | 124.09 |
| 家庭经营小计 | 1685.48 | 1476.84 | 1300.39 | 1758.09 | 1553.06 | 1305.01 | 1355.22 | 1327.64 | 1423.15 |
| 种植业 | 943.15 | 894.38 | 710.32 | 1117.47 | 916.90 | 697.84 | 741.38 | 735.75 | 751.24 |
| 牧业 | 377.70 | 326.77 | 351.41 | 332.94 | 386.16 | 343.57 | 310.47 | 341.47 | 406.69 |
| 二、三产业 | 212.56 | 143.42 | 111.14 | 195.36 | 144.85 | 125.21 | 163.57 | 110.19 | 115.53 |

| 地区 | 东部 | 中部 | 西部 | 平原 | 丘陵 | 山区 | 革命老区 | 边境地区 | 民族地区 |
|------|------|------|------|------|------|------|--------|--------|--------|
| 其他收入 | 152.07 | 112.27 | 127.52 | 112.32 | 105.15 | 138.39 | 139.80 | 140.23 | 149.69 |
| 转移收入 | 90.28 | 87.61 | 77.04 | 88.16 | 84.76 | 81.20 | 90.26 | 66.93 | 69.42 |
| 财产收入 | 24.06 | 14.16 | 14.81 | 17.66 | 21.84 | 14.66 | 16.43 | 11.63 | 14.44 |

中国是一个以汉族为主的多民族国家。相比较而言，少数民族地区的发展起点低、起步晚，目前大多仍处于相对落后的状态。少数民族地区的贫困人口占全国贫困人口的份额（＞40％）远远大于其人口份额（＜10％），是说明该地区贫困较为严重的依据。为了解决这一问题，中国政府采取了一系列措施：

第一，在确定贫困县时给予特殊照顾。例如，1986 年国家以1985 年农民人均收入低于 150 元作为划定贫困县的标准，而少数民族县的标准为 200 元，牧区县（旗）的标准为 300 元，所以少数民族县被确定为贫困县的概率要比其他县高 18％。在全国 592 个国定贫困县中，少数民族贫困县有 257 个，占 43％。

第二，扶贫资金向少数民族地区倾斜。据统计，在 1996 年至1998 年期间，国家共向 257 个少数民族国定贫困县投入中央扶贫资金 169.5 亿元，占国家投放的扶贫资金总额的 45％，高于其所占的贫困县份额。由于少数民族地区贫困县的人口数量相对较少，得到的人均扶贫资金的数量会显著高于汉族地区贫困县。

通过国家的大力扶持和自身的努力，全国 5 个民族自治和 3个少数民族密集的省份（云南、贵州、青海）的贫困人口由 1995年的 2086 万人下降到 1998 年的 1315 万人，贫困发生率从15.6％下降到 9.7％，下降了 5.9 个百分点；其中国定贫困县的农民人均纯收入从 1995 年的 630 元增加到 1999 年的 1235 元，增长 96％，高于 592 个国定贫困县平均增长水平 28 个百分点。

　　贫困地区的农业生产条件相对较差。1993 年，国定贫困县的有效灌溉面积和机耕面积仅占耕地面积的 30％和 36％，分别低于全国平均水平 18 个和 20 个百分点；旱涝保收的耕地面积更少，人均 0.36 亩，为全国平均水平的 54.5％。虽然农业生产条件较差，但从近期看，贫困地区的比较优势以及收入增长的潜力仍在农业部门。将这种潜力挖掘出来的主要措施，是在改善农业生产条件的基础上调整农业生产结构，从而将其自身独特的农产品生产和经营的比较优势发挥出来。

### 2.1.4 各省贫困县数量及分布随时间的变化

　　我国进行过三次贫困县确定工作。由于区域发展不平衡，所以从 3 个时点看，各省的贫困县的数量和分布也发生了一些变化（参见表 2-4）。

表 2-4　中国各省市的贫困县数量* 及分布的变化

| 省、市、区 | 全部县数（个） | 1986 | | | | 1994 | | | 2001 | | |
|---|---|---|---|---|---|---|---|---|---|---|---|
| | | 国定数量 | 国定比例% | 省定数量 | 省定比例% | 国定数量 | 国定比例% | 省定数量 | 省定比例% | 国定数量 | 国定比例% |
| 河　北 | 139 | 14 | 10.1 | 35 | 25.2 | 39 | 28.1 | 6 | 4.3 | 39 | 28.1 |
| 山　西 | 100 | 14 | 14.0 | 21 | 21.0 | 35 | 35.0 | 15 | 15.0 | 35 | 35.0 |
| 内蒙古 | 84 | 16 | 19.0 | 24 | 28.6 | 31 | 36.9 | 19 | 22.6 | 31 | 36.9 |
| 辽　宁 | 44 | 3 | 6.8 | 8 | 18.2 | 9 | 20.5 | 7 | 15.9 | 0 | 0.0 |
| 吉　林 | 41 | 0 | 0.0 | 11 | 26.8 | 5 | 12.2 | 5 | 12.2 | 8 | 19.5 |
| 黑龙江 | 69 | 0 | 0.0 | 8 | 11.6 | 11 | 15.9 | 3 | 4.3 | 14 | 20.3 |
| 江　苏 | 64 | 0 | 0.0 | 0 | 0.0 | 0 | 0.0 | 13 | 20.3 | 0 | 0.0 |
| 浙　江 | 67 | 3 | 4.5 | 0 | 0.0 | 3 | 4.5 | 5 | 7.5 | 0 | 0.0 |
| 安　徽 | 72 | 9 | 12.5 | 8 | 11.1 | 17 | 23.6 | 5 | 6.9 | 19 | 26.4 |

续表

| 省、市、区 | 全部县数（个） | 国定数量 | 1986 国定比例% | 省定数量 | 省定比例% | 1994 国定数量 | 国定比例% | 省定数量 | 省定比例% | 2001 国定数量 | 国定比例% |
|---|---|---|---|---|---|---|---|---|---|---|---|
| 福　建 | 64 | 14 | 21.9 | 2 | 3.1 | 8 | 12.5 | 4 | 6.3 | 0 | 0.0 |
| 江　西 | 84 | 17 | 20.2 | 39 | 46.4 | 18 | 21.4 | 0 | 0.0 | 21 | 25.0 |
| 山　东 | 99 | 9 | 9.1 | 5 | 5.1 | 10 | 10.1 | 9 | 9.1 | 0 | 0.0 |
| 河　南 | 117 | 15 | 12.8 | 9 | 7.7 | 28 | 23.9 | 6 | 5.1 | 31 | 26.5 |
| 湖　北 | 71 | 13 | 18.3 | 24 | 33.8 | 25 | 35.2 | 14 | 19.7 | 25 | 35.2 |
| 湖　南 | 95 | 8 | 8.4 | 20 | 21.1 | 10 | 10.5 | 21 | 22.1 | 20 | 21.1 |
| 广　东 | 77 | 4 | 5.2 | 20 | 26.0 | 3 | 3.9 | 25 | 32.5 | 0 | 0.0 |
| 广　西 | 83 | 23 | 27.7 | 25 | 30.1 | 28 | 33.7 | 21 | 25.3 | 28 | 33.7 |
| 海　南 | 17 | 3 | 17.6 | 5 | 29.4 | 5 | 29.4 | 5 | 29.4 | 5 | 29.4 |
| 四川** | 181 | 21 | 11.6 | 30 | 16.6 | 43 | 23.8 | 37 | 20.4 | 50 | 27.6 |
| 贵　州 | 81 | 19 | 23.5 | 12 | 14.8 | 48 | 59.3 | 0 | 0.0 | 50 | 61.7 |
| 云　南 | 123 | 26 | 21.1 | 15 | 12.2 | 73 | 59.3 | 17 | 13.8 | 73 | 59.3 |
| 陕　西 | 93 | 34 | 36.6 | 12 | 12.9 | 50 | 53.8 | 0 | 0.0 | 50 | 53.8 |
| 甘　肃 | 75 | 31 | 41.3 | 12 | 16.0 | 41 | 54.7 | 12 | 16.0 | 43 | 57.3 |
| 青　海 | 39 | 10 | 25.6 | 10 | 25.6 | 14 | 35.9 | 0 | 0.0 | 15 | 38.5 |
| 宁　夏 | 18 | 8 | 44.4 | 0 | 0.0 | 8 | 44.4 | 0 | 0.0 | 8 | 44.4 |
| 新　疆 | 85 | 17 | 20.0 | 13 | 15.3 | 25 | 29.4 | 5 | 5.9 | 27 | 31.8 |

注释：1. ＊＊2001 年国定贫困县改称为国家扶贫开发工作重点县；

2. ＊包括重庆市；

3. 缺少西藏的资料（但 1994 年国定贫困县包括西藏的 5 个县）。

资料来源：①1994 年数据来自于扶贫统计资料（1978—1998，国务院扶贫开发领导小组办公室编）；

② 1985 年数据来自于王铁生主编《中国政府消除贫困行为》，湖北科学技术出版社，1996 年；

③ 2001 年数据来自于国务院扶贫办。

## 2.1.5 到目前已实施的主要扶贫项目 (programmes)

### 1. 中央政府扶贫项目

为国定贫困县及其贫困农户提供资金和物资支持，以缓解资金和物资短缺对其脱贫的约束，是中国政府自 1986 年以来采取的一项最主要的扶贫举措。扶贫资金的分配和使用主要通过提供贴息贷款、以工代赈和财政扶贫资金三大扶贫开发项目来实现。

近 20 年，随着国家财力的增强，中央安排的专项扶贫投入不断增加。2000 年中央各项扶贫专项资金达到 264.5 亿元，与 1980 年的 8 亿元相比，增加了 30 多倍。中国安排的扶贫专项资金累计为 1557.5 亿元。其中信贷扶贫资金 874.5 亿元，以工代赈资金 428.0 亿元，财政资金 265.0 亿元。中央还明确规定，各项扶贫资金都必须全部用于这些贫困县（参见表 2-5）。

表 2-5　1986—2000 年三大扶贫开发项目资金投入变化　单位：亿元

| 年　份 | 信贷资金 | 以工代赈资金 | 财政资金 | 合　计 |
|--------|----------|--------------|----------|--------|
| 1986 | 2300 | 900 | 1000 | 4200 |
| 1987 | 2300 | 900 | 1000 | 4200 |
| 1988 | 2900 | 0 | 1000 | 3900 |
| 1989 | 3000 | 100 | 1000 | 4100 |
| 1990 | 3000 | 600 | 1000 | 4600 |
| 1991 | 3500 | 1800 | 1000 | 6300 |
| 1992 | 4100 | 1600 | 1000 | 6700 |
| 1993 | 3500 | 3000 | 1100 | 7600 |
| 1994 | 4500 | 4000 | 1200 | 9700 |

**续表**

| 年　份 | 信贷资金 | 以工代赈资金 | 财政资金 | 合　计 |
|---|---|---|---|---|
| 1995 | 4500 | 4000 | 1300 | 9800 |
| 1996 | 5500 | 4000 | 1300 | 10800 |
| 1997 | 8500 | 4000 | 2800 | 15300 |
| 1998 | 10000 | 5000 | 3300 | 18300 |
| 1999 | 15000 | 6500 | 4300 | 25800 |
| 2000 | 14850 | 6900 | 4700 | 26450 |
| Total | 87450 | 42800 | 26500 | 155750 |

注：1999 年和 2000 年的总数来自国务院扶贫办，分项数据为估计数。

资料来源：1986—1997 年数据来自姜永华、高鸿斌主编《中央财政扶贫》，中国财经出版社，1998 年；1998—2000 年数字来自国务院扶贫办。

### 2. 地方政府扶贫项目

地方政府实施的主要扶贫项目是省或地市财政向贫困县提供资金支持。扶贫资金主要包括三个组成部分：第一部分是用于对中央财政和国际机构提供的扶贫资金的配套资金，第二部分扶贫资金是为贫困县提供的支持农业和乡镇企业发展资金，第三部分资金，也是数额最大的一部分资金是用于对贫困县的财政转移支付。

### 3. 政府非专职扶贫项目

主要项目指通过组织和动员各级政府非专职部门和企业参与对口扶贫，动员各部门和企业的资金和其他资源扶持贫困地区。根据参与扶贫的主体的类别，可分为中央国家机关定点扶贫、东西扶贫协作和省内扶贫 3 种。据统计，到 1998 年年底仅中央和省区两级就分别有 138 和 4163 个单位分别对口扶持了 325 个和 825 个国定和省定贫困县。"国家八七扶贫攻坚计划"之后，政府非专职扶贫项目动员的资金见表 2-6。

表 2-6　政府非专职扶贫机构动员的扶贫资金　　　单位：万元

| 年　份 | 中央定点 | 东西扶贫协作[②] | 省内扶贫 | 合计 |
|---|---|---|---|---|
| 1995 | 193700 | — | 293276 | 488971 |
| 1996 | 660400 | — | 397418 | 1059814 |
| 1997 | 174504 | 70153 | 388134 | 634788 |
| 1998 | 124131 | 34282 | 343358 | 503769 |
| 1999 | 262420 | 59327 | 360526 | 684272 |
| 2000[①] | 275541 | 62293 | 378552 | 716386 |
| 合　计 | 1690696 | 226055 | 2161264 | 4078015 |

注：① 中央定点扶贫和东西对口扶贫 2000 的资金投入是按年增长 5% 进行估算而来的；

② 东西扶贫协作由于从 1996 年年底开始，因此将 1996 年和 1997 年的资金放到 1997 年一并统计。

资料来源：李周，社会扶贫中的政府行为比较研究，中国经济出版社，2001。

### 4. 国内非政府组织扶贫项目

除了政府资源之外，社会力量和社会资源是中国农村扶贫的一支重要力量。社会扶贫包括两种项目类型，一种是象慈善机构等社会团体开展的一般性捐赠钱物，另一种是非政府组织扶贫项目。比较有名的非政府组织扶贫项目有中国青少年发展基金会组织的"希望工程"、中国扶贫基金会开展的"贫困农户自立能力工程"、中国计划生育协会组织的"幸福工程"、全国妇女联合会组织的"巾帼行动"和"春蕾计划"、全国残疾人基金会组织的"康复扶贫开发工程"和"博爱工程"等扶贫济困活动，以及全国工商联等私营企业发起的旨在帮助贫困地区振兴经济、解决实际困难的"光彩事业"等。尽管缺乏全面的统计资料，但非政府组织在扶贫进程中确实扮演着一种特殊的角色，仅"希望工程"和"光彩事业"到 1998 年年底就分别筹集到扶贫资金 16.11 亿元和

73.35 亿元（吴国宝，2001）。

### 5. 国际机构在华扶贫项目

世界银行、联合国开发计划署等国际组织，荷兰、日本等国政府，以及福特基金会、世界宣明会等国际非政府组织也是中国扶贫中的积极参与者。国际机构在华扶贫项目是通过技术援助或试验示范项目，引用先进的扶贫方式和管理技术，对中国扶贫的制度创新和改善扶贫管理、提高中国扶贫开发工作的整体水平起到了重要作用。从 1995 年到 2000 年的六年间，国际机构在华扶贫投入在中国全部扶贫投入中所占比例为 11.4％（李周，2001）。

### 2.1.6　扶贫工作中采取的主要措施

尽管不同扶贫项目投入的资金和所采取的管理形式不同，但扶贫中采取的主要措施是通过改善贫困群体和社区的生产和发展条件，打破其发展的制约因子。其中，改善生产条件包括：修建基本农田，向种植业、林业、牧业和渔业提供科学技术等生产要素支持，组织劳务输出，向贫困农户提供生产贷款等；改善发展条件包括：对农民进行非正式教育，修建人畜饮水工程，改、扩建卫生院和引进医疗设备；修建道路，架设输电线路和提高广播电视的覆盖率等。

### 2.1.7　贫困、土地退化和农户口粮之间的联系

尽管至今尚未做过有关贫困对土地退化的影响的定量研究，但学术界对缘于贫困而引致的土地利用的不合理是最近几十年我国土地退化的主导因子却取得基本共识。中国荒漠化（土地退化）防治课题组 1998 的研究成果表明，我国北方和南方人为滥垦

（牧、樵）导致土地退化的比例分别是 89％ 和 95％（张铁林，2000）。因此，我们可近似地估计，贫困对我国土地退化的影响所占的份额在 90％ 左右。

关于贫困、土地退化和口粮之间的关系可分两个阶段来考虑。一是粮食生产完全用于自给的阶段，二是粮食生产部分成为商品的阶段。分析的基本前提条件包括：

（1）在贫困地区，非农产业极不发达，土地是贫困农民保障自己的粮食安全的基本手段，甚至是唯一的手段，也是最主要的收入来源。

（2）贫困地区土地瘠薄且自然灾害严重，土地生产力很低且年际间差异大；土地具有自然生产力且又有追加投入报酬递减的特性，所以对农民来说，往往会把扩大边际耕地上的种植作为规避或降低生活风险的基本手段。

（3）贫困地区的土地管理很软弱，边际土地的产权很模糊，所以贫困农户的这种选择又不受约束。

由于在第一阶段，农户开垦边际土地的数量决定于保证粮食安全的需要，而在第二阶段，开垦边际土地的多少决定于规避粮食安全风险和收入最大化两个目标的需要，所以进入第二阶段后农业生产有可能造成越来越严重的土地退化。

农业生产，尤其是粮食生产，相对于放牧和林地经营来说对土壤表层的破坏最大，最易造成表层土壤的流失，所以贫困农户做出利用边际土地生产粮食的决策加剧了土地的退化。此外，贫困农民缺乏增加化肥、农药和技术等生产要素投入来增加单位面积产出的能力，也是造成土地退化的重要原因。

相对于中国这样的人口大国的粮食需求，国际市场上的粮食供给是很有限的，粮食必须基本自给，应该是中国的基本国情。所以，中国政府一直强调粮食自给的重要性，并基本上实现了以占世界 7％ 的耕地养活世界上约 1/4 的人口的目标。然而，如果把粮食自给分为国家粮食自给、地区粮食自给和农村社区粮食自给三个层面，可以看出中国政府强调的粮食自给的变化。

### 1. 农村社区的粮食自给

在改革开放前的 30 年里，国内交通设施非常落后，运输能力也极为短缺，政府借助于流通调节粮食余缺的能力很有限，所以强调的是农村社区的粮食自给。基本做法有三个，即"以粮为纲""不吃返销粮"和"粮食亩产上纲要"。其中，"以粮为纲"强调的是必须优先安排粮食生产，"不吃返销粮"强调的是应该实现粮食总量上的自给，而"粮食亩产上纲要"强调的是粮食单产必须达到特定的水平。毋庸讳言，农民为实现和维持农村社区的粮食自给，付出了巨大的代价。由于生产粮食的比较利益很低，优先生产粮食影响了农民收入；由于许多农村社区用开垦边际土地的手段来达到政府规定的"不吃返销粮"和"亩产上纲要"的目标，造成了社区内的土地退化和生态环境破坏，进而导致社区内的农业可持续性的下降。

### 2. 地区的粮食自给

这是 20 世纪 90 年代以来的基本做法。它的基本做法是通过强调粮食基本自给的"省长负责制"，使省级政府认真落实"米袋子工程""丰收计划""温饱工程"和"中低产田改造工程"等项目。它的主要问题是加大了地方政府的财政负担。

### 3. 国家的粮食自给

20 世纪 90 年代末，粮食供大于需，卖粮难成为困扰农民和政府的难题。为了确保粮食产区农民收入不下降，中央政府实行了按保护价敞开收购农民粮食的政策。与此同时，通过退耕还林还草和以粮代赈政策来消化过剩的粮食。它的主要问题是中央政府承担的责任越来越大。

## 2.1.8　扶贫

中国扶贫经历如下几个阶段，每一阶段都有相应的扶贫政策。

第一阶段（1978—1985 年）通过推行联产承包责任制和改善农产品交易的条件（由政府出面提高农产品价格），激发和调动了农民的生产积极性，提高农民的收入和生活水平。这一阶段没有专门的扶贫政策，但确实有大量农村人口是在这一阶段脱贫的。

第二阶段（1986—1989），主要通过实施区域开发扶贫政策来减缓贫困。由于宏观经济政策和产业政策对减缓贫困不利，所以尽管这一阶段政府在扶贫开发方面投入了不少资金，但减缓贫困的速度较为缓慢。

第三阶段（1989—1994），减弱了对地区间农民迁移的限制，并采取了支持劳动密集型产业发展的政策，鼓励并促进贫困地区和贫困农民参与全国的经济发展，国家重新调整了国定贫困县的范围，使部分原来未包括在国定贫困县之内真正的贫困县获得了国家的扶贫开发援助。

第四阶段（1994—2000），中国政府将扶贫开发的对象从贫困县调整至贫困村和贫困户。同时，较大幅度地增加了扶贫开发资金。在这一阶段，政府在宏观经济政策方面也明确提出了加快中西部地区经济发展的计划。

新制定的《中国农村扶贫开发纲要（2001—2010 年）》确定根据贫困地区和贫困人口的实际情况进行分类扶贫；扶贫对象由关注重点地区的贫困人口转向所有贫困地区的人口；扶贫资金投入重点由大力发展贫困地区基础设施和改善自然条件转向直接帮扶贫困人口发展生产、增加收入和提高人力资源的质量上；扶贫加大市场引导分量；促进农业劳动力向二、三产业发展等扶贫政策。政策的变化表现为以下几个方面：

### 1. 瞄准对象的变化

扶贫中不同时期瞄准的对象不同：首先进行的是区域瞄准；紧接着是区域瞄准与贫困群体瞄准相结合；后来又将瞄准对象细化到贫困村、贫困人口。从扶持贫困区域到扶助贫困人口，扶贫的对象越来越具体。

### 2. 扶贫方式的变化

最初采用的是救济式扶贫方式，后来发展为开发式扶贫方式，即诱导贫困农户开发可以利用的自然资源，使贫困地区和贫困户形成自我发展的能力，依靠自身力量脱贫，到改善贫困地区和贫困人口的发展条件，支持贫困人口的发展。

### 3. 扶贫主体的变化

最初是单一的政府扶贫，随着越来越多的国内机构和企业参与扶贫，形成了政府扶贫与社区扶贫相结合的格局，后来，外国政府和国际机构也参与了中国的扶贫，扶贫主体越来越表现出多元化的趋势。

## 2.1.9 土地退化的定义

联合国粮农组织首先于 20 世纪 70 年代提出土地退化概念，并出版了《土地退化》（1971 年）专著，并且将土地退化粗分为侵蚀、盐碱、有机废料、传染性生物、工业无机废料、农药、放射性、重金属、肥料和洗涤剂等引起的十大类土地退化。（赵其国，1991）

1994 年《联合国关于在发生严重干旱和/或荒漠化的国家特别是在非洲防治荒漠化的公约》对"荒漠化"和土地退化给予了明确的定义："荒漠化是指包括气候变异和人类活动在内的种种因素

造成的干旱、半干旱和亚湿润干旱地区的土地退化……'土地退化'是指由于使用土地或由于一种营力或数种营力结合致使干旱、半干旱和亚湿润干旱地区雨浇地、水浇地或使草原、牧场、森林和林地的生物或经济生产力和复杂性下降或丧失,其中包括:(一)风蚀和水蚀致使土壤物质流失;(二)土壤的物理、化学和生物特性或经济特性退化,及(三)自然植被长期丧失,'干旱、半干旱和亚湿润干旱区'是指年降水量与潜在蒸发量之比在 0.05至 0.65 之间的地区,但不包括极区和副极区'"。

这些问题是相互联系和反馈的(蔡运龙等,1998)。其中土地荒漠化指的是"土地生产潜力的衰退和破坏,最终导致出现荒漠景观的生态系统退化过程",主要表现为土地系统生物生产量的下降、土地生产潜力的衰退、土地资源的丧失和地表出现不利于生产活动的状况(朱震达,1994)。因而土地荒漠化就是土地退化(蔡运龙等,1998)。刘慧则认为,土地退化是指在人类活动或某些不利自然因素的长期作用和影响下,土地生态平衡遭到破坏,土壤和环境质量变劣,调节再生能力衰退,承载力逐渐降低的过程(刘慧,1995)。其范围不仅包括耕地,而且包括林地、牧地及其他一切具有再生能力的土地在内。

总的来说,土地退化是一系列土地要素变化的过程,如水土流失、土地沙漠化、土壤质量下降。植被退化、盐碱化等的总称。其本质是土地质量遭到破坏,土地对于生命系统的供养潜力衰竭,从而生命难以生存,最终形成荒漠化景观,在中国西南喀斯特地区则主要表现为"石漠化"趋势。

## 2.1.10　土地退化的类型

根据土地退化的成因、后果和发生地域的不同,可以对其进行不同的分类。

联合国粮农组织曾经从成因的角度归纳了侵蚀、盐碱、有机废料、传染性生物、工业无机废料。农药、放射性、重金属、肥料和洗涤剂等引起的 10 大类土地退化。可以看出，这个分类考虑更多的是土地污染。

龚子同也根据起因不同将土壤退化划分为三种类型：①水土流失引起的；②耕作施肥不当引起的——土壤潜育化、土壤石灰化和土壤板结；③污染引起的土壤退化——土壤酸化、污染灌溉和重金属污染（刘慧，1995）。

蔡运龙等认为，我国的土地退化类型包括土地沙漠化、土壤侵蚀、土地污染、采矿迹地、盐渍化和潜育化等（蔡运龙等，1998）。刘慧则根据土地退化的特点，将我国的土地退化分为水土流失、土地沙化、土壤盐碱化、土地贫瘠化、土地污染和土地损毁（刘慧、1995）。肖乎也认为，土地退化主要包括水土流失加剧、土地沙化、土壤盐碱化和土质劣化等，在不同的地区有不同的形式或组合（肖乎，1995）。

以上各种分类的内容大同小异。在我国，分布最广、影响最大的是土地沙漠化和土壤侵蚀两类，它们都发生在贫困地区（蔡运龙；1998）。由于土地沙漠化的普遍性，沙漠化一词曾被用作土地退化的代名词。经多年国际讨论，它现在被定义为指干旱、半干旱地区以及干燥的亚热带地区由于各种因素如气候变动、人类活动所引起的土地退化（World bank 1995）。我国也有学者认为，沙漠化并不是指环境的一般退化过程，而是专指与风沙活动有联系的地表景观退化过程的一种表现，并以此与水土流失、水渍化、盐碱化和植被退化等相区别（向理平，1990）。

《中国 21 世纪议程》指出：我国典型极端贫困区域有两片，其中一片是黄土高原及其以西的广大西北内陆干旱区，另一片是以滇、桂、黔为主的喀斯特地貌区（国家计委、国家科委等，1994）。前者是我国沙漠化威胁最严重的地区，后者则是水土流失导致石漠化最严重的地区。

在由中国防治荒漠化协调小组办公室出的《中国荒漠化报告》中对荒漠化类型分类采用以形成荒漠化的主导外营力分类的方法，划分为以下几类：风蚀荒漠化、水蚀荒漠化、冻融荒漠化、土壤盐渍化、其他因素形成的荒漠化（综合因素形成的荒漠化）。

由于各类型荒漠化必然反映在一定的土地利用类型上．所以，为了更深刻地展示荒漠化对人类生存与生活的直接影响，又将荒漠化在主要土地利用类型上的表现形式特别提出来，从另一侧面对荒漠化及其危害进行描述（不属于荒漠化分类系统，因此，与荒漠化面积并非相加的关系）；荒漠化在主要土地利用类型方面的表现有以下几种：退化草地、退化耕地、退化林地。为了能客观地反映中国荒漠化程度，又比较简单易行，便于操作，荒漠化采用 3 级分级制，即：轻度、中度、重度。

## 2.1.11　土地退化的机理

### 1. 影响土壤退化的自然因素

（1）地形因素

我国是一个多山的国家，海拔大于 500m 的山地、丘陵、高原占陆地总面积的 84%，平原仅占 12%。山地多，地形起伏大，为土壤重力侵蚀、山体滑坡、泥石流等土壤灾害的形成提供了条件。侵蚀严重的黄土高原，丘陵地貌占 70% 以上，且坡度陡，土壤质地疏松，植被稀少，是黄土地区发生强烈土壤侵蚀的主要原因。对于内流封闭盆地、河谷盆地、冲积平原和干旱、半干旱地区的微斜平地及各种洼地等地貌形态，有利于土壤盐碱化的形成。

（2）气候因素

我国地域辽阔，气候类型复杂多样，在广大的西北内陆地区，降水量少，植被稀疏，属于土地生态脆弱带，土壤沙化严重，其周围地区也严重受到沙漠化危害和威胁。气候愈干旱，蒸发愈强烈，土壤积盐也愈多，长期发展下去形成盐渍土。长江以北处于半湿润、半干旱气候条件下的黄淮海平原和东北松辽平原，蒸发量大于降水量，在此情况下，土壤及地下水中的可溶性盐类则随上升水流蒸发、浓缩、累积于地表。受季风气候的影响，我国东部大部分地区降雨集中，且多暴雨，是影响土壤侵蚀的重要因素。地处高纬度的东北及西北内陆地区，属于寒温带干旱、半干旱气候，冬季寒冷而漫长，易形成土壤的冻融侵蚀和盐渍化。在三北地区，冬春季多大风，是形成土壤风蚀沙化及风沙危害的主要原因。

（3）植被条件

植被是防治土壤侵蚀、沙化和污染最积极的因素。我国植被覆盖率仅 12.9%，且分布不均匀，黄土高原区低达 3%～6.5%，华北大部分地区亦在 10% 以下，森林覆盖率较高的南方，大部分省区亦在 25% 以下。四川省仅为 13.3%，川中盆地丘陵区 53 个县、市中有 1/2 覆盖率不到 3%。随着植被覆盖率的降低，森林的水土保持能力以及防风固沙能力减弱，导致水土流失日益增大，沙化面积扩大。

（4）成土母质与地表物质组成

第四纪沉积物在我国覆盖面积广，且大多数第四纪沉积物没有经过硬结成岩作用，为松散的堆积物，具有较大的移动性。这种物质在干旱、半干旱地区，物理风化作用强烈，风力作用活跃，土壤沙化严重，在西北、华北广泛分布的第四纪沉积物——黄土，易遭受土壤侵蚀。在地形复杂的山区易遭受重力侵蚀，在平原、河谷及滨海平原和河流三角洲地区发育的土壤，常常是草甸化过程和盐渍化过程相伴发生，大部分盐土就是在此母质上发育起来的。

2. 人类活动对土壤退化的影响

在自然因素作用下的土壤退化，仅发生在条件适宜的地区，而且发生的面积和范围也是有限的，类型比较简单。在人类活动的影响下，不仅加速了土壤退化的进程，而且也影响着土壤退化的深度和广度，使退化类型区域复杂化，人口压力大，土壤利用结构和农事活动不合理，导致土壤退化。在山区丘陵地带，为解决吃饭问题，毁林开荒，陡坡耕种，造成上游水土流失，下游河床泥沙淤积，河床抬高，背河低洼部位形成次生盐碱化。化肥农药的大量使用，造成土壤板结、污染和理化性状的变化，土壤生产力下降。同样，由于灌溉不当，引起土壤盐渍化。

（1）乱砍滥伐，过度放牧，造成地表植被破坏，导致水土流失和风蚀沙化。

（2）工业发展、城镇规模的扩大以及三废的排放等因素，造成土壤资源的数量下降与质量恶化。

3. 土壤退化类型与分布

当前，我国土壤退化的类型，按成因与结果划分为土壤侵蚀、土壤盐渍化、土壤沙化、土壤贫瘠化、土壤污染、土壤破坏、耕作土壤面积减少等 7 种退化类型。

土壤侵蚀退化主要是指水蚀、风蚀、冰融。

水蚀：大兴安岭—阴山—贺兰山—青藏高原一线以东。

风蚀：新疆、甘肃、河西走廊、柴达木盆地等。

冰融：青藏高原、新疆、甘肃、云南等现代冰川高山区。

土壤盐渍化缘于不合理灌溉，导致地下水位升高。主要有土壤次生盐碱化、潜育化。主要分布在黄淮海平原，北方半干旱灌溉平原，河套平原，西北干旱、半干旱内陆区。

土壤沙化原因有：过度放牧、砍伐；交通、工矿、城镇建设破坏；水资源利用不当；气候变化；自然风化等。

土地沙漠化缘于风沙活动频繁和环境退化。分布在"三北"干旱、半干旱地区，东部半湿润、湿润地带的风蚀活动频繁地区。

土壤肥力下降是由于土壤利用不合理导致土壤生产力下降。除上海、江苏、浙江和海河平原地区之外，其他地区土壤肥力均有下降。

土壤污染指由工业污染和化学农业造成的土壤酸化、板结、重金属含量高等，危及粮食安全。分布于城镇、工矿企业周边及下游地区和乡镇企业发达地区。

### 2.1.12 贫困与土地退化的理论

#### 1. 贫困中的土地要素理论

自李嘉图、马尔萨斯等人开始提出"土地报酬递减"律决定了土地资源和人口增长的危机开始，围绕"发展要素"展开的贫困经济学理论方兴未艾，主要涉及的理论有"土地报酬递减""贫困的恶性循环""低水平均衡陷阱""小农有限理性"论、经济发展的"二元结构模型"等。

（1）李嘉图、马尔萨斯："土地报酬递减"理论

"土地报酬递减"是一种关于土地生产力的经济理论。指在技术程度不变的条件下，在一定面积的土地上继续增加资本与劳动，当超过某一限度时，追加部分所得收益必逐渐减少，即土地报酬将由递增转为递减。这一理论思想最先由法国杜尔哥、英国安特生同时各自提出，也为李嘉图级差地租说的论据之一，并由马尔萨斯加以宣扬，据以论证其著名的人口论。他认为，从长期来看，食物供应是按算术级数增长，而人口则是按爆炸性的几何级数增长，食物供应增长不会领先于人口增长。虽然从短期来看，工资

和人均食物供应有时会上升，但这只会导致人口增长加速，从而使工资跌回到仅足糊口的水平。

马尔萨斯的基本命题是，人口繁殖力和土地生产力这两个力是不平衡的，而大自然的法则却必须使其结果平衡。推衍命题有3个：

①"制约原理"。人口必然为生活资料所限制。

②"增殖原理"。只要生活资料增长，人口一定会增长。除非受到某种非常有力的抑制的阻止。

③"均衡原理"。这些抑制人口的优势力量，全部可以归纳为道德的节制、罪恶和贫困。

根据马氏的理论：一是人口增长是自然而然的，贫困可以起到控制人口增长的作用；二是贫困不是人口增长的原因，而是它的结果，也是一种自然抑制。三是人口运行过程中，要求均衡的制约原理和打破均衡的增殖原理是两条平行主线，两者的内部联系中产生的交替作用形成了人口的增长运动和衰退运动的连续反复。

这样绝对地强调周期性的人口运动，而不是直线性的市场发展，不论在经济学界、社会学界还是史学界都并不多见，多数强调的是人口与市场的双重作用，或者说强调人口和各种经济要素的配置问题，成为后来贫困研究中的主要出发点。

（2）纳克斯："贫困的恶性循环"理论

由纳克斯提出的"贫困的恶性循环"理论，是经济学解释发展中国家问题的最早尝试之一。纳克斯认为，发展中国家长期存在的贫困，是由若干个相互作用的"恶性循环"并列造成的，其中"贫困的恶性循环"居于支配地位，而"贫困的恶性循环"的中心环节是资本形成不足。他从资本形成的供给和需求两方面论述了恶性循环的过程：

从供给方面看，发展中国家普遍的人均收入过低，人们绝大部分的收入用于生活消费支出，而很少用于储蓄，导致储蓄水平低．而低下的储蓄能力又致使资本形成不足，其结果生产规模和生产效率都难以提高，最后经济增长率只能维持在一个很低的水平上。如此周而复始，形成了"低收入—低储蓄能力—低资本形成—低生产率—低产出—低收入"的恶性循环。

从需求方面看，发展中国家生活贫困，人均收入低，这意味着消费低和购买力低，意味着国内市场容量狭小，使得投资引诱不足，资本形成的动机不足，缺乏足够的资本形成，生产规模小，生产率低以及由此而来的低产出和低收入水平，形成"低收入—投资引诱不足—低资本形成—低生产率—低收入"的恶性循环。

正是上述两个循环相互联结、相互作用，形成了发展中国家在封闭条件下长期难以突破的贫困陷阱，不难看出，两个恶性循环的起点都是人均收入过低，终点还是人均收入低下，而整个作用过程中居于支配位置的是资本形成不足，也就是说，在不发达国家中，贫困既是这些国家资本形成率低下的原因，也是结果。因此，纳克斯得出一个著名命题："一国穷是因为它穷"。

人们可能提出这样的问题："一国之所以穷是因为它穷"纯粹属于逻辑上的循环论证和同义反复，没有解释任何问题。确实，如果将他的理论看作是关于贫困终极原因的说明，那么该理论远没有达到目的，也不可能达到，因为在纳克斯所揭示的恶性循环链条上的任何一个因素都可以被理解为贫困的形成原因。但如果将他的理论看作是揭示发展中国家贫困再生的过程和机制的一种方法论，那么贫困命题的真正含义才能充分显露出来。

纳克斯把发展中国家在一个长时期内不断被再生产出来的贫困理解为一个复杂的系统现象。正是在这个方法论前提下，纳克斯从一个特定方面即收入水平与资本形成的内在关系揭示出与贫困有关的诸因素间累积性循环作用的机制和过程，从而揭示了发展中国家贫困问题所特有的复杂性。

资本形成的重要性主要反映在，它是使贫困的恶性循环得以连接和持续运动的重要环节，但绝不是终极原因，而且它受来自供给方和需求方两个恶性循环力量的作用而牢固地维系着贫困的稳定再生。关于贫困恶性循环的过程，实际上包含了这样的推论：单纯用边际调节的方式来改变其中某个不变的量值，并不能打破自我维系的贫困循环，而只能采取综合的、大推进的方式冲破循环。

（3）纳尔逊："低水平均衡陷阱"理论

类似于"贫困的恶性循环"理论，纳尔逊根据人均资本、人口和国民收入三种要素的增长分别与人均收入的关系，提出了关于贫困的自我维系的另一种循环过程的机制。

如图 2-1 是纳尔逊所称的"低水平均衡陷阱"状态。其意义是，存在一个人均收入的理论值，只要人均收入低于这一理论值，国民收入的增长就会被更快的人口增长率所抵消，使人均收入退

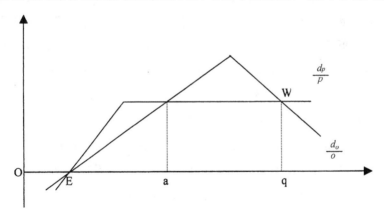

**图 2-1　纳尔逊所称的"低水平均衡陷阱"状态**

注：图中的横轴表示人均国民收入，纵轴表示国民收入增长率和人口增长率。$\frac{d_p}{p}$ 为国民收入增长曲线，$\frac{d_o}{o}$ 为人口增长曲线。E 点就是纳尔逊意义上的"低水平均衡陷阱"状态。

回到维持生存的水平上，并且固定不变。当人均收入大于这一理论值，国民收入超过人口的增长，从而人均收入相应增加，直到国民收入增长下降到人口增长时为止。在这一点上，人口增长和国民收入增长达到新的均衡，但这不是低水平均衡，而是高水平的均衡。如果其他条件不变，这种均衡也是稳定的。

与纳克斯"贫困的恶性循环"理论相比，纳尔逊进一步说明了发展中国家贫困再生是一种稳定的现象，并揭示了这种稳定均衡的内在机制以及突破贫困均衡的临界条件。

从纳尔逊的分析可知，发展中国家人口增长与人均资本增长的不平衡关系是贫困均衡稳定的一个重要环节和条件，临界推动就成为打破贫困的政策中的重要内容。

我们可以把纳克斯、纳尔逊以及类似的理论（如 H. 莱宾斯坦的"临界最小努力"理论）看作是服从某种共同思想的统一理论。隐含在这些理论中的共同思想是，欠发达国家的经济贫困在没有外力推动的情况下是一种高度稳定的均衡现象，而经济发展则是经济从低水平向高水平均衡的过渡：一旦经济从低水平均衡中挣脱出来，欠发达国家就能走上持续稳定的增长道路。该理论避免了那种将贫困仅仅理解为收入水平低的简单观点，突出了贫困作为一种高度稳定的均衡现象的特有复杂性。

必须指出，无论强调自然资源的马尔萨斯，还是上述强调资产资源的三位经济学家，都把发展的期望寄托于政府的努力上。

（4）舒尔茨：理性小农，贫困而有效率假说

以西奥多·W. 舒尔兹为代表的经济学家反驳了贫困者被动非理性的观点，不仅为新古典经济学找到一条出路，而且对历史学研究模式的转变也产生了影响。

也许是受西方农业经济学分析传统的影响，也许是为了贯彻微观经济学的基本分析工具，以舒尔茨为代表的一批经济学家坚持把传统农业部门的小农看作是理性的，传统小农如同在特定的

资源和技术条件下的"资本主义企业"，追求最大利润，对于价格反应灵活，其生产要素的配置行为符合帕累托最优原则。

舒尔逊认为，传统农业内部的资源配置是有效率的，这就是所谓"贫穷而有效率"的著名命题。他认为，只要增加农户识别及有效使用"较好"技术的知识（通过人力资本投资，主要是人力培训），引进现代农业的高质量投入，如良种和新技术，便可望打破传统的内部均衡和停滞条件，可望激发小农的投资和创新活动，从而带来更高产量，改造传统农业，消除贫困。舒尔茨的"小农理性"学说严厉地批驳了以往广泛流行的观点，即把传统农村的小农看作是保守的、非理性的，并将小农的贫困也归咎于他们的保守、非理性和对价格反应的迟钝，反对一切可能的变革，由此得出欠发达国家农业增长前景悲观。

但是，以舒尔茨为代表的西方经济学分析，潜含着这样的前提，需要指出，这样的前提实质上只是假定的：

① 存在一个根据供求规律而定出价格的市场。

② 小农是纯粹的经济人，依据充分明确的经济信息进行决策。

③ 相对于现代的经济人口，传统小农是一个完整的贫困者群体，具有一致的行为模式。

舒尔茨在《改造传统农业》一书中提出的命题引起了后来大规模的实证研究。据在印度和其他一些欠发达国家的调查结果表明，关于小农和资本主义企业一样追求收入最大化的新古典主义假定，并不符合许多不发达地区自给性农业中小农的行为。如由于信息不全、风险和不确定性，农户不得不在较少的风险和较多的收入之间进行谨慎权衡，权衡的结果往往是追求经济的安定收入的稳定，而并非是冒更大风险的最大利润取向。后来大多数经济学家趋向于认为农户实际是在追求效用最大化（安定比风险效用更高），而不是收入最大化，因为传统小农生存在一个难以测定自然和市场风险的环境里，生产难以自给、生活难以保证。

　　舒尔茨在《穷国的经济学》一文中说："全世界的农民都在与成本、利润和风险打交道，他们都是时刻算计个人收益的经济人。在自己那小小的、个人的和分配的领域里，这些农民都是企业家。他们总是能那样敏锐地适应经济形势，使得许多专家都无法了解这些人是多么有效率。尽管由于教育、健康和个人经历等方面的原因，农民在对新知识的接受、理解和采取适当行动的能力方面尚有差距，但是他们却具有企业家的最本质的素质。在大多数农村的家庭中，妇女们在家务生产活动中，在分配时间和使用农产品及购买商品方面，也都是企业家。"

　　（5）罗伯特·西蒙："小农有限理性"论

　　在舒尔茨之后的现代经济学，注意解释现实经济生活中人的经济行为为什么带有自发性、盲目性及习惯因循传统等"非理性"特点。这使传统经济学逐步从一种严格的理性模式中脱身出来。罗伯特·西蒙的学说就是对舒尔茨"理性模式"的扬弃。

　　首先，理性只能是有限的。人类行为中理性与非理性同时存在。

　　其次，信息的局限性导致决策和行为的非理性。这一点在边缘地带尤其具有针对性。西蒙指出，虽然在理想状况下人总是追求最优方案，但是在一个信息不全的现实世界里，外部事件是不确定的，信息可能失效，再加上人在收集信息、推断和进行复杂计算方面的能力也是有限的，所以任何人决策过程中的理性只能是有限的作为理性行为的必要准备，搜寻处理、加工选择所需信息都要增加金钱或时间的代价，因为时间也是一种隐含价值的稀缺资源。但是决策与其他行为中的非理性因素，并不会因认识和处理信息能力的技术手段的发展而杜绝，由于企业或小农不可能按照一个市场经济意义上的理性模式发展，其行动过程难免带有随机性、不合理性甚至破坏性。

　　再次，效用原则。"有限理性"论的引申意义还在于，放弃利用简单的"利润最大化"模式，运用"效用"模式来分析传统小农。例如，当分析一个有足够土地、却仍然坚持过多生育的农户行为时，可以认为继续投入劳动力，虽缺乏产业的报酬，却让处于贫困线边缘的农户获得很高的"边际效用"。

在远离信息流通中心的边缘地带，小农为获取决策的最优方案将遇到难以逾越的信息和时间障碍。当搜寻难度也计入决策成本时，小农最终的选择将不是最优而是较为满意的，即"效用最大"。选择的结果尽管不同，但是选择过程中对于成本与风险、收益和代价、时间与技术可能等因素的权衡是同样存在的，这种涉及小农对几乎一切稀缺资源配置过程的权衡，就是一种小农的理性。

进一步而言，贫困的与不贫困的人的行为差别，同一人在不同场合下的行为差别，都不能归咎于个体本身的差别（如智力、生理、个性），而应该寻找个体选择时报酬、代价及其他估价的差异，寻求"效用的理性"计算贯穿于所有的选择行为里。在这里，"有限理性"可以推向"效用理性"。

（6）哈耶克："新自由主义经济"理论

以哈耶克为代表的新自由主义经济学说，着重以西方的价值观提出"平等"的哲学，反对一切形式的国家干预，倡导实行竞争性私人货币制度下的自由市场经济。为贫困的存在提供了一个理论辩护。

对于作为社会目标的"平等"，哈耶克认为，"平等"这个目标是不能靠牺牲真正的"平等"来实现的；如果强求"平等"，其效果恰恰相反，因为这样既损害了效率，又不可能获得真正的"平等"。他还指出，即使说市场经济秩序不可能给人们带来公平的分配，但如果采用行政的、组织的手段，实行诸如"收入均等化"或"公平分配财富"这样一些措施，去设法"纠正"市场秩序的缺点，那么这将是对市场秩序本身的破坏，它将违背"一视同仁""借遍适用"的原则。靠行政手段来调节人们的收入，那样不仅不会公正，而且会造成更大的不公正。进而，他认为，当前西方为了实现福利国家而要创立"公正经济"的运动是无稽之谈，只有个人的行动才可能是公正的；正如世界上健康、力量或美丽的分配不可能是什么正义非正义的问题一样，物品的分配也不可能分什么公正不公正。

关于平等的含义，新自由主义认为更重要的是提供"机会平等"。"机会平等"与"收入和财富的平等"（或结果平等）不同，它的含义在于让人们在自由经济体制中有同等的竞争机会，每个人应凭着自己的能力追求自己的目标。新自由主义者也把"机会平等"列入一个值得争取的目标，并认为可以采取一些适当的手段来实现它，即政府的干预即使在促进"机会平等"方面，也只能被局限在十分有限的范围之内。如果超过了限度，被认为同样会带来"不平等"。所以新自由主义迄今为止所建议的促进"机会平等"的方法，只停留于"发展教育""取消职业限制"等"温和的"措施上。

在以上新自由主义理论看来，生活就是不公平的。西方社会制度下的不平等与贫困是自然发展的结果。如果执行结果均等的福利政策，从富人手中拿走一些财富分给穷人，结果到头来还是分配的不平等。出现这种事与愿违的情况是它违背了人类最基本的天性，即亚当·斯密所说的"每个人都为改善自身的境况而作一贯的、经常的和不间断的努力"。由此得出的结论是，贫困与不平等也是优胜劣汰的自由竞争法则之自然结果，它的存在是正常和无可非议的；它的消除也只有靠个人奋斗。

（7）莱宾斯坦：落后经济理论

在西方经济学家中，莱宾斯坦（Harvery Leibenstein）对不发达国家或地区的研究，是独树一帜的。他一反发展经济学中注重统计与经验数据的传统，而强调"落后的本质"分析，或者按照他的说法，"目标在于说明与理解上——并不着重处方"。为什么呢？对此，莱宾斯坦有一番说明，他说，对于落后经济所应采取的任何政策或行为，是否能依据一种理论分析框架来加以制定，他是深表怀疑的。如果要说到处方，那必须针对落后经济的特有状态，以及相互间的关系加以考虑。在对于社会中存在的社会目标、伦理规范、道德价值观以及政策行动不加考虑，或者说不作判断的情况下，要倡导某种特定的方案，可以说注定要失败。

莱宾斯坦的怀疑不仅是针对那些仅凭有一孔之见便乱开药方的经济学家，而且也针对传统理论，他警告说，"当我对经济发展的理论着手研究之际，面前存在着无数的馅饼，过分地尊重经济学的理论、概念与构思，会使我们卑屈自己的心态，从而丧失对问题本质的洞察力和提出新问题的创造力。"为此，他在自己的落后经济理论中，力图从所谓的"中间道路"，既采用一般的经济学分析工具，又独创地提出自己新的假说和理论，按照他自己的描述，他是在用今天经济学上通用的大多数概念作为基础，来创造自己的理论大厦。

莱宾斯坦对于经济学方面的兴趣，主要表现在经济学的基本理论与落后地区的经济发展上。他的主要著作有《落后经济与经济增长：关于经济发展理论的研究》《一种经济人口统计的发展理论》，以及《经济理论与组织分析》等。

莱宾斯坦关于落后经济的发展理论与命题，主要体现在 3 个重要的假说或命题上：①关于落后经济本质的假说；②关于落后经济的人口变动模式的假说；③临界最小努力命题。下面我们主要介绍莱宾斯坦的关于落后经济的人口变动模式理论和临界最小努力命题。

对于落后经济特征的分析，基本上属于静态分析，要理解落后经济为什么长期地循环，还必须进行动态的分析。为此，莱宾斯坦提出了他的落后经济人口变动模式。莱宾斯坦认为，落后经济之所以无法促进人均所得的持久性增长，却又不得不仅以维持基本生存的水准下保持其均衡，主要的原因有很多，但可归为 3个：一是农业上的低生产力；二是非农业部门就业机会的短缺；三是落后地区具有的人口。

① 农业上的低生产力

与发达国家相比，发展中国家土地亩产要低得多。有些发展中国家每亩土地所投入的农业劳动，有时竟达西欧各国的 3 倍多。对这种现象的说明，至少有三种可能的理由：第一，在发达国家农业中应用的某类资本，是无法用劳动来替代的；第二，发达国家拥有先进的农业技术；第三，平均地看，发达国家耕地的质量比发展中国家要优越一些。

但是，以上这些理由只不过是一种"存量"性的理由，而更重要的理由却是在土地的利用上，可能会存在一个固有的动态过程，使土地维持低效收获。这个动态过程就是每一种可能发生而且可以加以利用的改进的可能性，都会引起相反的动力，以促使土地的质量朝以往的水准复归。比如，在落后国家，事实上，常常是土地质量的改进将导致对土地进一步的密集利用，结果地力消耗使土地又回复到它以往的质量。

② 非农业部门就业机会的缺乏

非农业部门就业机会的长期缺乏，构成了经济发展的巨大障碍。非农业部门就业机会的形成可以用一个指标即资本形成率来表示。联合国推算在大多数落后国家，其净资本形成尚不足其国民所得 5%，它们的非农业部门就业机会缺乏还有三个值得注意的原因：第一，投资的配置对于农业人口的非农业转移几乎没有太大的贡献；第二，储蓄率低，而且不能有效地转化为净投资；第三，投资效果级差。

③ 人口在经济中的角色

在人口过剩国家和地区的发展中，人口成为发展的阻碍在于它使人均资本趋于"稀薄"。在莱宾斯坦看来，落后经济受到外来刺激之后，人均收入也许会增加。但这种外来的刺激也会通过两个途径影响死亡率：一是自发性效应（an-tonomous effect），这是由医药以及公共卫生改进所引起的死亡率下降；二是收入效应（income effect），这是人均收入因外来影响而增加．继而消费水平提高而引起的死亡率下降。

至于出生率，在落后经济中，因为传统、风俗、习惯等文化因素，总能保持一个较高的水准，不会因为外来的刺激而很快改变。于是，在落后地区，任何一项使人均收入上升的刺激，都会通过死亡率的下降与出生率的上升，又把人均收入缩减至维持生存的水平。

## 2.2　贫困与土地退化研究方法

### 2.2.1　土地退化对经济的影响

根据土地退化的不同类型，汪俊三等采用了不同的方法；对草场退化、沙化损失用市场价值法；对泥沙流失损失、毁草开荒损失、耕地盐碱化损失用影子工程法；对伴随泥沙流失土壤中氮、磷、钾元素损失用替代市场价值法。各种方法具体介绍如下：

1. 市场价值法（生产率法）

把生态环境看成是生产要素，生态环境质量的变化导致生产率和生产成本的变化，从而导致产量和利润的变化，而产量和利润是可以用市场价格来计量的。

2. 替代市场价值法

有时候生态环境质量的变化，不会导致商品和劳务产出量的变化，但有可能影响商品其他替代物或补充物和劳务的市场价格，这样就用市场信息间接估计生态环境质量变化的价值和效益。

### 3. 影子工程法

指在环境破坏以后，人工建造一个工程来代替原来的环境功能，以此工程投资来计算破坏的经济损失。

各种方法均采用如下通式来表示：

$$M = f\ (D,\ E,\ \bar{P})$$

其中：$M$——某项生态破坏的经济损失值；

$D$——该项生态破坏的量值；

$E$——与该项有关的价格系数；

$\bar{P} = (P_1,\ P_2,\ P_3,\ K),\ P_1,\ P_2,\ P_3,\ K$

分别为与该项有关的参数变量，如：各类土地侵蚀模数，土地补偿系数，土壤 $N$，$P$，$K$ 含量等。

徐嵩龄把经济损失分为直接损失、间接损失和恢复费用三种类型，计算公式概念表示如下：

$$L_i = \sum_i ED_{ij} * MV_{ij}$$

式中 $L_i$ 表示生态资源 I 破坏的经济损失，$ED_{ij}$（Ecological Disturbance）表示生态资源 I 对应于其功能 j 的资源破坏量。$MV_{ij}$（Monetary Value）表示单位生态资源 i 的功能 j 的货币型价值。土地退化导致土地肥力下降，从而导致单位面积上的产量下降，并因而造成收入下降、经济损失。

中国社会科学院环境与发展研究中心的徐嵩龄（1998）通过构造资源单位实物量的价值函数，利用我国典型生态区的生态资源变化数据，从直接损失、间接损失和恢复费用三个方面，对森林退化、草场退化、耕地退化和水域退化四类主要生态资源退化的经济损失进行了估算。推算出全国土地退化给农林牧业造成的直接经济损失为 445.31 亿元。

汪俊三、金鉴明、蔡德信等人（1995）从植被、物种、土地资源、水资源和工矿开发等方面对中国典型生态区 1986 年土地退化的经济损失进行了估算。他们的估算结果为：土地退化对中国典型生态区国民经济造成的损失为 109.06 亿元，以此类推，全国土地退化造成的直接经济损失约为 569.3 亿元。

张玉、宁大同和 V. Smile（1996），通过构造荒漠化影响的实物量与经济损失价值之间的函数，估算出自 20 世纪 90 年代以来，中国每年荒漠化所造成的经济损失达 541 亿元人民币。这些损失包括以下几方面：①丧失可利用的土地资源的经济损失，利用市场价值法，根据荒漠化引起单位面积土地的经济损失和年均荒漠化面积增加量，社会贴现率取 2.4%，推算出每年因荒漠化引起的单位土地面积的经济损失为 292 亿元；②土地质量下降造成的经济损失，同样用市场价值法，根据每年荒漠化危害农田的面积和年均化肥损失量，折算成市场价值为 170 亿元；③草地沙化、退化造成的经济损失，采用替代市场价值法，根据草场退化、沙化前后生产力的变化、草场年沙化与退化速度，经 2.4% 的社会贴现率折算后，每年损失的经济价值为 66.7 亿元；④工矿建设造成的荒漠化经济损失，采用替代市场价值法，根据因工矿建设造成的年荒漠化土地面积及其危害，计算出其损失值每年为 10 亿元左右；⑤荒漠化造成交通运输的损失，采用恢复和防护费用法，计算其每年损失为 2 亿元左右；⑥荒漠化造成水利、航运损失，采用影子工程法，计算出的年经济损失为 0.3 亿元。以上各项损失总计为 541 亿元。

尽管上述研究所采用的方法、计算参数及涵盖的范围有所不同，但三项研究的结果有较大的相似性。如果接受他们的成果，土地退化的直接经济损失大概在 520 亿元左右。多数人认为土地退化的间接经济损失约为直接经济损失的 2 倍。两类损失加在一起，其中值约为 1560 亿元。

## 2.2.2 土地退化对农业产出的负面影响

在土地退化所造成的经济损失中，绝大部分是对农业产出造成的损失。徐嵩龄（1998）和汪俊三等人（1995）所估计的土地退化的直接损失都是与农业相关的损失。张玉等人（1996）的估算结果中，土地可利用性丧失带来的损失占 54.1%；土地质量下降造成的损失占 31.4%；草场沙化、退化的损失占 12.3%，上述三项与农业产出直接相关的损失占总损失的 97.8%。在张伟民等人（1994）的估算结果中，土地退化对农业造成的损失占总损失的比重也基本相同。如果按 98% 计算，土地退化给农业造成的直接经济损失约为 510 亿元，包括间接损失的总损失为 1530 亿元。

## 2.2.3 贫困地区与土地退化地区有显著的重叠性

从土地退化的区域分布看，中西部的山区、风沙区和干旱地区是水蚀和风蚀最为严重的地区；从贫困的区域分布看，我国典型的贫困区域有两片，一是"三西"（河西、定西、西海固）的黄土高原干旱区，另一片是滇、桂、黔的喀斯特地貌区，前者是受沙漠化威胁最严重的地区，后者是石漠化最严重的地区。据此可基本判断，在全国范围内，贫困与土地退化存在空间分布上的一致性。

国内不少学者从不同层面对贫困与土地退化之间地域和程度上的相关性进行了研究。

李周（2001）通过对中国生态敏感地带与经济贫困地区的相关性的研究，得出经济贫困地区与生态敏感地带的相关性很强的结论。依据如下：一是在划入生态敏感地带的县份中，约有 76% 的县是贫困县，占这些省区贫困县总数的 73%；二是在划入生态敏感地带的土地面积中，约有 43% 的土地面积在贫困县内，占这

些省区贫困县土地面积的 47％；三是在划入生态敏感地带的耕地
面积中，约有 68％的耕地面积在贫困县内，占这些省区贫困县耕
地总面积的 74％；四是在划入生态敏感地带的人口中，约有 74％
的人口生活在贫困县内，占这些省区贫困县总人口的 81％。

　　赵跃龙（1999）将各省、区所涉及的生态脆弱县与贫困县进
行对比研究，认为生态脆弱与贫困之间存在较强的相关性，从表2-7
可以看出，中国有 725 个生态脆弱县，占全国总县数的37.3％，而
在 557 个贫困县中，生态脆弱县有 373 个，占 67％（见表 2-7）。
中科院地理所的郭来喜（1994）等将 592 个贫困县分成三大类型
进行研究，认为土地退化与贫困度密切相关，即土地退化愈严重，
贫困度愈高。

表 2-7　各省、区脆弱生态区所涉及的县（市、旗）
数及其与贫困的关系

| | 总县数（A） | 生态脆弱县（B） | 贫困县（C） | 贫困县中的生态脆弱县（D） | B/A | C/A | D/B | D/C |
|---|---|---|---|---|---|---|---|---|
| 河　北 | 139 | 60 | 39 | 27 | 0.432 | 0.281 | 0.45 | 0.692 |
| 辽　宁 | 44 | 4 | 9 | 1 | 0.091 | 0.205 | 0.25 | 0.111 |
| 江　苏 | 64 | 19 | 0 | 0 | 0.297 | 0 | 0 | / |
| 浙　江 | 64 | 10 | 3 | 0 | 0.156 | 0.047 | 0 | 0 |
| 福　建 | 63 | 9 | 8 | 5 | 0.143 | 0.127 | 0.556 | 0.625 |
| 山　东 | 95 | 45 | 10 | 4 | 0.474 | 0.105 | 0.089 | 0.4 |
| 广　东 | 78 | 16 | 3 | 1 | 0.205 | 0.038 | 0.063 | 0.333 |
| 东部地区 | 547 | 163 | 72 | 38 | 0.298 | 0.132 | 0.233 | 0.528 |
| 山　西 | 100 | 23 | 35 | 16 | 0.23 | 0.35 | 0.696 | 0.457 |
| 吉　林 | 41 | 2 | 5 | 1 | 0.049 | 0.122 | 0.5 | 0.2 |
| 黑龙江 | 68 | 0 | 11 | 0 | 0 | 0.162 | / | 0 |
| 安　徽 | 68 | 20 | 17 | 12 | 0.294 | 0.25 | 0.6 | 0.706 |

续表

| | 总县数 (A) | 生态脆弱县 (B) | 贫困县 (C) | 贫困县中的生态脆弱县 (D) | B/A | C/A | D/B | D/C |
|---|---|---|---|---|---|---|---|---|
| 江　西 | 84 | 50 | 18 | 14 | 0.595 | 0.214 | 0.28 | 0.778 |
| 河　南 | 116 | 58 | 28 | 22 | 0.5 | 0.241 | 0.379 | 0.786 |
| 湖　北 | 68 | 20 | 25 | 13 | 0.294 | 0.368 | 0.65 | 0.52 |
| 湖　南 | 90 | 30 | 10 | 6 | 0.333 | 0.111 | 0.2 | 0.6 |
| 中部地区 | 635 | 203 | 149 | 84 | 0.32 | 0.235 | 0.414 | 0.564 |
| 广　西 | 80 | 40 | 28 | 26 | 0.5 | 0.35 | 0.65 | 0.929 |
| 内蒙古 | 84 | 53 | 31 | 27 | 0.631 | 0.369 | 0.509 | 0.871 |
| 四　川 | 172 | 59 | 43 | 31 | 0.343 | 0.25 | 0.525 | 0.721 |
| 贵　州 | 80 | 59 | 48 | 46 | 0.738 | 0.6 | 0.78 | 0.958 |
| 云　南 | 123 | 55 | 73 | 51 | 0.447 | 0.593 | 0.927 | 0.699 |
| 陕　西 | 92 | 37 | 50 | 29 | 0.402 | 0.543 | 0.784 | 0.58 |
| 甘　肃 | 75 | 43 | 41 | 28 | 0.573 | 0.547 | 0.651 | 0.683 |
| 青　海 | 39 | 8 | 14 | 8 | 0.205 | 0.359 | 1.000 | 0.571 |
| 宁　夏 | 18 | 5 | 8 | 5 | 0.278 | 0.444 | 1.000 | 0.625 |
| 西部地区 | 763 | 359 | 336 | 251 | 0.471 | 0.44 | 0.699 | 0.747 |
| 全　国 | 1945 | 725 | 557 | 373 | 0.373 | 0.286 | 0.514 | 0.67 |

注：（1）该分析省去了生态环境相对较好的京、津、沪三个直辖市和资料较缺的海南省，以及原生生态环境较差，但长期处于稳定状态的新疆和西藏两区。

（2）在对全国生态环境脆弱区分布范围划分的基础上，将凡是50％以上的面积落在脆弱生态区内的县划为脆弱生态县。

资料来源：赵跃龙编著，中国脆弱生态环境类型分布及其综合整治，p76，中国环境科学出版社，1999。

国务院贫困地区经济开发领导小组办公室不同时期的资料为贫困和土地退化的相关性提供了证据。20 世纪 70 年代末的数据显示，有 55％的贫困县，60％的贫困人口分布在严重土地退化地区

（见表 2-8）；1986 年年底统计的结果表明，全国连片的贫困地区有 508 个贫困县、1.63 亿人口分布在水土流失严重的山区、丘陵区，占全国贫困县总数的 84.5%（水利部规划，1993）；1999 年的数据再次显示，全国四分之三以上的贫困县和近 90% 的农村贫困人口生活在水土流失严重的地区，并且有 300 个贫困县的 1.7 亿人口在风沙中生存。

表 2-8 20 世纪 70 年代末中国贫困县的地域分布

| 区 域 | 贫困县数（个） | 类 型 | 占全国贫困县的比例（%） | 贫困人口（万人） | 占全国贫困人口比率（%） |
|---|---|---|---|---|---|
| 晋、鲁、豫、皖接壤地带 | 67 | 低沉盐碱 | 30.3 | 4083.5 | 46.5 |
| 云贵高原 | 66 | 高原山区 | 29.9 | 1921 | 21.9 |
| 黄土高原 | 48 | 风沙干旱 | 21.7 | 1053 | 12 |
| 闽 东 | 11 | 沿海丘陵 | 5 | 456 | 5.2 |
| 新疆西南 | 8 | 干 旱 | 3.6 | 111 | 1.3 |
| 合 计 | 200 | | 90.5 | 7624.5 | 86.8 |

资料来源：康晓光，贫困与发展，人民出版社，1995。

以内蒙古阴山北部为例，那里因风蚀沙化加剧，农牧业生产严重受损，人民生活贫困，11 个旗县中，有 10 个是国家级贫困县，占自治区贫困县的 1/3，现有贫困人口 58.4 万人，占全区贫困人口的 23.4%。

## 2.2.4 土地退化对贫困的负面影响

土地退化是影响中国贫困地区的一个极为重要的因素。从总量上看，土地退化造成的直接经济损失（500 多亿元）约占中国经济总量的 1%。考虑到这 500 多亿元集中在农业上，而农业占国民

经济总量的份额 1/5 左右，所以其对农业的影响约为 5%。这部分
损失又主要集中在贫困地区，1999 年，592 个贫困县的第一产业
增加值 2144 亿元，人口 2.2 亿人，其中 3/4 的贫困县位于土地退
化严重地区，该范围内的第一产业增加值为 1600 亿元，人口 1.65
亿人，土地退化造成的直接经济损失占贫困地区第一产业增加值
的高达 1/3 左右；1.65 亿贫困人口承担数百亿元的经济损失，是
一件特别严重的事情。

杨汉奎（1994）认为"贫困是最大的环境问题"，当土地资源
贫瘠到维持不了人的生存问题时，便会发生掠夺林地、毁林垦荒，
从而导致水土流失、喀斯特石漠化、环境质量下降，最后导致人
类生态系统的崩溃。

郑熵（1998）通过对贵州罗甸县的实证研究，认为在贫困、
人口增长和土地退化之间存在着 PPE（Poverty-Population-Envi-
ronment）怪圈，从而形成一个落后的系统，共同制约着罗甸县的
经济发展和环境改善。

程厚思（1997）认为存在一个"技术—人口—生态—经济"
的恶性循环，如下图：

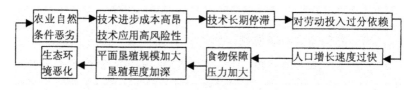

**图 2-2　技术—人口—生态—经济的恶性循环图**

Thomas Reardon（1995）把贫困分为福利型贫困和投资性贫
困两种类型，认为环境与贫困的相关系取决于贫困的程度、分布
和类型。

赵名茶（1995）也对桂西北喀斯特山区的贫困状况建立贫困度
模型进行分析，结果表明，造成本区贫困的首要因素是土地退化。

Edward B. Barbier（1998）通过对比亚洲、非洲和拉丁美洲最

穷的 20％人口分布在高潜力（high potential）农业用地区和低潜力（low potential）农业用地区的比例来阐述非洲的贫困与土地退化的关系；更进一步，他通过分析非洲几个国家（Botswana，Ghana，Madagascar，Mozambique，Uganda）的贫困发生率与人均粮食收获面积和它的变化率以及森林退化率，认为在非洲大部分国家的贫困人口处在土地退化区域。并进一步以森林退化率为因变量，人均收入、人均收入平方、人均收入变化百分比、木材价格、人口变化率、贫困人口密度、时间趋势等为解析变量通过pooled analysis 得出人均收入与森林退化率之间存在一个倒"U"字形规律，收入的最高点为人均 4760 美元。在分析土地退化原因时，他对非洲国家 Malawi 的玉米的两种耕作方式（与阿拉伯橡胶间作和套种 Leucaena 植物）进行分析，比较它们的收益率得出土地退化的根本原因是经济原因。

国家统计局农村社会经济调查总队的王萍萍（1999）利用1998 年全国农村住户调查资料，将全国农村贫困地区的致贫因素进行聚类分析。结果表明，在河北、山西、辽宁、安徽、江西、山东、河南、湖北、湖南、广西、海南、重庆、四川等省（区、市）的贫困农户中，有 66.7％的农户因耕地退化而导致人均粮食产量低于全国非贫困人口的拥有量。

土地退化所造成的经济损失中，尤其是直接经济损失几乎都是由于降低了农业产出或增加了农业生产的投入。而贫困地区本身的非农产业不发达，农业收入是其最主要的收入来源，甚至是唯一的收入来源。因此，土地退化所造成的直接后果是降低农民收入，加剧贫困地区农民的贫困程度。据调查，1995 年，居住在土地退化地区的农村人口的居民的人均农业产值仅 1014 元，为全国平均水平的 34.2％，东部地区的 1/5。

## 1. 单位投入的产出的下降

在贫困山区，耕地退化导致农业（种植业）投入产出比在逐年下降。例如国家级贫困县贵州省罗甸县农业投入产出比从 1983 年约 4.05 下降到 1991 年的 2.17。郑燽（1998）通过农业投入产出比区域商（该地区农业投入产出比/全国农业投入产出比平均值）指标的计算，来分析耕地退化对农业投入产出比的影响，结果表明，罗甸县的农业投入产出比区域商也是在不断下降的，由 1983 年的 1.14 下降到 1991 年的 0.68（见表 2-9）。

表 2-9　罗甸县农业投入产出比及区域商的变化

|  | 1983 年 | 1984 年 | 1986 年 | 1988 年 | 1990 年 | 1991 年 |
|---|---|---|---|---|---|---|
| 农业投入产出比 | 4.05 | 3.81 | 3.79 | 3.54 | 2.52 | 2.17 |
| 农业投入产出比区域商 | 1.14 | 1.01 | 1.08 | 1.04 | 0.72 | 0.68 |

资料来源：郑燽. 喀斯特贫困退化土地的生态经济重建，北京大学硕士论文，1998。

### 2. 耕地上的粮食产量下降

由于水土流失导致土地退化、土地肥力下降，从而导致粮食产量的下降。如云南元谋县由于受水分及土壤肥力的限制，旱作玉米平均单产仅 4.8t/ha，最高也只有 12t/ha；小麦单产仅 3t/ha，最高 70t/ha。由于受土地退化的影响，退化土地上种植的水稻、甘蔗等农作物的产量也大幅度下降（见表 2-10）。据河北坝上地区和内蒙古乌兰察布南部农垦区实测，开垦初期旱田春小麦和莜麦单产每公顷 2250～1875kg，经过 10～20 年耕种后，产量下降一半，再过 10～15 年下降到每公顷 525～750kg，即使使用了化肥，也无济于事，退化严重的地块上每年每公顷产量只有 230～400kg（朱震达，陈广庭等，1994）。例如，在土地趋于退化的黄土高原丘陵沟壑区，坡地的年平均产量为 375～450kg/hm²，灾年只有 150～225kg，甚至颗粒无收。

表 2-10　云南元谋县土地退化对农作物产量的影响　单位：kg/ha、%

| 农作物种类 | 退化土地的平均单产（A） | 未退化土地的平均单产（B） | (A)／(B) |
|---|---|---|---|
| 水　稻 | 10200 | 21000 | 48.6 |
| 其中：早稻 | 15000 | 32430 | 46.3 |
| 中　稻 | 9600 | 18000 | 53.3 |
| 晚　稻 | 6000 | 12000 | 50 |
| 甘　蔗 | 52500 | 195000 | 26.9 |

注：(1) 受土地退化影响土地的平均单产；

(2) 没有受土地退化影响土地的平均单产。

资料来源：张建平，中国西南地区山地不同土地退化类型特征研究，兰州大学博士论文，1998。

据河北坝上地区和内蒙古乌兰察布南部农垦区实测，开垦初期旱田春小麦和莜麦单产每公顷 2250～1875kg，经过 10～20 年耕种后，产量下降一半，再过 10～15 年下降到每公顷 525～750kg，即使使用了化肥，也无济于事，退化严重的地块上每年每公顷产量只有 230～400kg（朱震达，陈广庭等，1994）。

### 3. 草地上的产草量下降

土地退化对草地生产力的影响。如河北坝上地区草地退化后，草原群落矮化稀疏，草高由 100～150cm 下降至 30～50cm，亩产草量由 200～300 千克下降到 100 千克，甚至只有数十千克，植被覆盖度由 80%～60% 下降至 20%～40%。内蒙古自治区的西井子等 3 个乡的产草量在 13 年内下降 27.8%～72.7%（见表 2-11）。

表 2-11  内蒙古自治区若干乡草地生产力的变化  单位：万千克

| 乡 镇 | 起始水平 | | 现状水平 | | 产量变化 | |
|---|---|---|---|---|---|---|
| | 年 份 | 产 量 | 年 份 | 产 量 | 数 量 | 降 低 |
| 西井子 | 1949 | 1500 | 1986 | 409 | 1091 | 72.7 |
| 那日图 | 1962 | 1725 | 1989 | 1245 | 480 | 27.8 |
| 白音他拉 | 1962 | 1125 | 1987 | 810 | 315 | 28 |

资料来源：朱震达，陈广庭，中国土地沙质沙漠化，科学出版社，北京，1994。

### 4. 土地资源可利用性的丧失

严重的土地退化还造成土地资源可利用性的丧失。具体原因有：

沟壑侵蚀。宁夏回族自治区固原市，在 1957—1977 年的 20 年内，平均每年损失土地 5000 多亩。吉林省白山市的坡耕地已被沟壑吞蚀 7.2 万亩，占耕地总面积的 15%。黑龙江省的黑土区，有大型冲沟 14.4 万条，已吞蚀耕地 140 多万亩。新中国成立以来，辽宁省因耕作方式不当造成的沟壑侵蚀已损失土地 1068 万亩。

石漠化。土地因水土流失而使土地丧失生产力的土地称作石漠化。贵州省六盘水市水城特区平均每年增加 3.2 万亩，四川省万县地区每年增加 3.75 万亩，陕西省安康县平均每年增加 1.0 万亩，据调查，山东省南部五个县（市）石山区的"石漠化"面积以每年 1.6%～1.9% 的速率增加。山西省平鲁县 11 个村庄的 6.1 万亩坡耕地中已有 1.5 万亩不能耕种，损失了约 1/4。湖北省郧西县、四川省会理县的部分农户因坡耕地土壤全部流失无法继续生存而被迫迁居外地。

泥沙淤埋。我国南方各省，特别在风化花岗岩地区，有些耕地因上游的水冲沙压而被迫弃耕。据调查，广西壮族自治区苍梧、举溪、百色等 10 个县常被泥沙淤埋的农田达 12.6 万亩，苍梧县因被淤埋而弃耕的农田已达 2.6 万亩。这 10 个县每年因此而损失的粮食达 4600 万千克。广东省梅州市的 6 万亩良田和韩江上游 9 个县的 9.3 万亩良田由于水土流失而变成沙滩。

沙化。内蒙古商都县西井子乡历年因沙漠化而弃耕农田合计约 2700 亩，占耕地总面积的 36.8%（见表 2-12）。翁牛特旗和巴林右旗可利用草场面积在 30 年内分别下降 8.6% 和 6.9%（见表 2-13）。

表 2-12　内蒙古商都县北部 8 个乡沙化耕地弃耕地面积　单位：ha、%

| 乡　名 | 耕地面积 | 沙化弃耕地面积 | 弃耕地占耕地总面积比重 |
|---|---|---|---|
| 西井子 | 7237.7 | 2666.7 | 36.8 |
| 格化司台 | 3917.2 | 1060 | 27.1 |
| 章毛乌素 | 4873.3 | 3200 | 65.7 |
| 八股地 | 4541.7 | 500 | 11 |
| 大库伦 | 5558.7 | 666.7 | 12 |
| 二道洼 | 5306.3 | 140 | 2.6 |
| 卯　都 | 8308.7 | 383.3 | 4.6 |
| 玻璃忽镜 | 8202.1 | 1333.3 | 1.6 |

资料来源：中国农业后备资源，全国农业资源区划办公室，1998 年 9 月。

表 2-13　内蒙古可利用草场面积的变化　单位：亩、%

| 年　　度 | 翁牛特旗 | | 巴林右旗 | |
|---|---|---|---|---|
| | — | — | — | — |
| | 面　积 | 下降率 | 面　积 | 下降率 |
| 1950 | 95463000 | — | 12095000 | — |
| 1980 | 87260000 | 8.6 | 11265589 | 6.9 |

资料来源：董光荣等，我国土地沙漠化的分布与危害，干旱区资源与环境，1989。

土地退化不仅造成了土壤肥力、持水能力下降，还加剧了干旱的程度。例如，广西壮族自治区在 1957—1960 年的 4 年中，中等肥力的土壤面积占 67.2%，低等肥力的占 32.8%；由于水土流失，到 1985 年，中等肥力的土壤面积下降到 60%，而低等肥力的上升到 40%。据黑龙江省的调查观测与实验分析，开垦 40 多年的坡耕地，由于水土流失，有机质含量一般下降了 30%～50%。陕西陇南地区康县，历史上很少发生旱灾，最近 22 年，随着森林的破坏和水土流失的增加，有 19 年发生旱灾，旱灾出现概率达 86%。河北省礼县在最近 20 年中有 19 年发生旱情，旱灾出现概率达 95%（水利部，1993）。

根据 1993 年对陕西清涧县 6 个村的调查，在过去的 10 年间，土地退化使耕地减少 2.5%，单产减少 13.9%（张保民等，1996）。青海省的有些乡因水土流失耕地减少，粮食减产，造成严重的经济损失（见表 2-14）。

表 2-14　青海省若干乡水土流失及损失状况

| 年　度 | 地　点 | 损失粮食（万千克） | 折合人民币（万元） |
| --- | --- | --- | --- |
| 1958 | 诺木洪乡 | 29.7 | 59.4 |
| 1960 | 诺木洪乡 | 2.1 | 4.2 |
| 1960 | 诺木洪乡 | 18.9 | 37.8 |
| 1960 | 查查香卡农场 | 9.2 | 18.4 |
| 1961 | 沙珠玉乡 | 1.6 | 3.2 |
| 1961 | 香日德农场 | 14 | 28 |
| 1966 | 诺木洪乡 | 37 | 74 |
| 1970 | 德令哈乡 | 9.9 | 19.8 |
| 1970 | 诺木洪乡 | 10 | 20 |
| 1977 | 德令哈乡 | 20 | 40 |
| 1977 | 沙珠玉乡 | 85 | 170 |

资料来源：张保民，任常青，朴之水，资源流动与缓贫，山西经济出版社，1996。

## 5. 农民的生活难以维持

土地退化不仅使耕地面积减少和土地生产力降低，也导致以土地为生的农民生活长期困难。内蒙古商都县西井子乡农民因沙漠化而弃耕农田约 2700 亩，占总土地面积的 12.7％，1961—1980年间，人均收入仅 52 元，生产难以维持，成为"三靠"（吃粮靠返销、花钱靠救济、生产靠贷款）乡，全乡共返销粮 1250 万千克，用救济款 75 万元，生产贷款 103 万元[①]。

### 6. 生存环境的丧失

土地退化不仅会造成贫困，甚至会使人们流离失所，成为生态难民。受荒漠化影响的我国北方 12 个省区中，受风蚀荒漠化危害的村庄达 24000 多个，其中部分地区则是沙进人退。内蒙古自治区鄂脱克旗近 30 年间被流沙压埋的房屋有 2200 多间，1438 眼水井，棚圈 3300 多间，有 700 多户村民被迫迁移他乡（陈灵芝，1995）。在水土流失极为严重的土石山区，由于土层殆尽、基岩裸露，有的群众已无生存之地。特别是长江流域及其以南的山区，"石化"面积很严重，已经失去了人类赖以生存的条件，广西石灰岩地区许多地方已无地可种，每 3 人要异地移民 2 人，剩下的土地只够 1 人生存。贵州省紫云县麻山等石漠化程度特别严重的地区，已丧失了人们生存的基本条件，只能采取移民搬迁措施（林乘东，1997）。

### 7. 加重贫困地区自然灾害

土地退化是贫困地区自然灾害加剧的重要原因。土地退化累加效应引起的自然灾害对贫困地区的危害往往是毁灭性的。以 1998 年的自然灾害为例，97％的贫困县受到影响，受灾面积占贫困地区的 32.9％，受灾人口达 6922 万，造成直接经济损失 848 亿元，减产粮食 1340 万吨。除此之外，对扶贫也产生了负面影响。扶贫项目损失比例为 18％，受灾返贫和致贫人口合计 1013 万人，

---

① 　资料来源：杨达源等：《自然灾害学》，测绘出版社 1993 年版。

少解决 340 万扶贫人口（见表 2-15）。

表 2-15 1998 年灾害对 10 省（区、市）贫困地区和扶贫的影响

| | | 国定贫困县 | 省定贫困县 | 合计 |
|---|---|---|---|---|
| 受灾范围 | 贫困县个数（个） | 188 | 132 | 320 |
| | 受灾贫困县个数（个） | 186 | 124 | 310 |
| | 受灾比例（%） | 99 | 94 | 97 |
| | 受灾面积（103ha） | 4507 | 2501 | 7008 |
| | 绝收面积（103ha） | 1487 | 820 | 2306 |
| | 绝收比例（%） | 33 | 32.8 | 32.9 |
| 影响人口 | 受灾人口（万人） | 4740 | 2182 | 6922 |
| | 死亡人口（人） | 896 | 501 | 1397 |
| 经济损失 | 直接经济损失（亿元） | 571 | 277 | 848 |
| | 扶贫项目损失（亿元） | 119 | 36 | 155 |
| | 扶贫项目损失比例（%） | 21 | 13 | 18 |
| | 主要基础设施损失（亿元） | 226 | 104 | 330 |
| | 主要基础设施损失比例（%） | 40 | 37 | 39 |
| | 减产粮食（万吨） | 898 | 443 | 1340 |
| | 死亡牲畜（万头、万只） | 86 | 53 | 139 |
| | 倒塌房屋（万间） | 163 | 64 | 227 |
| 对扶贫的影响 | 受灾返贫、致贫人口（万人） | 768 | 245 | 1013 |
| | 计划本年解决的贫困人口（万人） | 445 | 169 | 614 |
| | 本年实际解决贫困人口（万人） | 218 | 55 | 274 |

资料来源：赵跃龙，中国脆弱生态环境分布及其综合整治，中国环境科学出版社，1999。

### 2.2.5 贫困对土地退化的负面影响

在贫困地区，很多人甚至连基本的生存需求也得不到满足。人们为了起码的生计不得不想尽一切办法，于是便出现掠夺林地、毁林垦荒和过度放牧，导致水土流失、喀斯特石漠化等土地退化现象。土地退化导致了农业生产力下降，在技术没有进步的情形下，贫困农民为了生存又不得不进一步开发土地资源，结果是又进一步加剧了土地退化。

尽管关于贫困对土地退化的影响份额至今没有做过系统的研究，但学术界对最近几十年我国土地退化的主导因子是人为因素影响的却取得了共识，并把人为因素的动因归结为缘于贫困而引致的农地利用的不合理。我国北方和南方由于人为滥用农地导致土地退化的比例分别是89％和95％（见表2-16）。因此，可近似地估计，贫困对我国土地退化的影响所占比重在90％上下。

**表 2-16　中国北方荒漠化和南方丘陵山区荒漠化的**

**人为成因类型及比例**

| 北方成因类型 | 占风力作用下沙质荒漠化土地的％ |
| --- | --- |
| 1. 草原过度开垦 | 26.9 |
| 2. 草原过度放牧 | 30.1 |
| 3. 过度樵采 | 32.7 |
| 4. 工矿交通、城市建设破坏植被 | 0.7 |
| 5. 水资源利用不当 | 9.6 |
| 南方成因类型 | 占水蚀作用下荒漠化土地的％ |
| 1. 陡坡开垦 | 40 |
| 2. 过度采伐森林及樵采 | 37 |
| 3. 不合理的农林耕作措施 | 18 |
| 4. 工矿交通建设和环境污染 | 5 |

数据来源：《中国荒漠化（土地退化）防治》课题组，1998，中国荒漠化（土地退化）防止研究，中国环境出版社。

据有关部门利用遥感技术对黑龙江、甘肃、内蒙古和新疆等省区 54 个县的调查，1986—1996 年间为扩种粮食，共开垦草地 117.2 万 ha、开荒 76.9 万 ha，现已有近一半撂荒沙化。由于过牧，草场的平均产草量下降了 35%～75%，优质牧草减少，有毒有害和营养价值低劣的草场比例加大。素以水草丰美著称的呼伦贝尔草原和锡林郭勒草原，退化面积分别达 23% 和 41%，鄂尔多斯草原退化面积高达 68%。

## 2.3　评论

### 2.3.1　有关理论部分

土地退化对经济和收入有负面影响，这是毋庸置疑的，不少学者都估算出我国土地退化造成的直接经济损失，并且他们的结果相近，都是 500 亿元左右。如果加上间接经济损失和补偿费用，数字会更高。在土地退化所造成的经济损失中，绝大部分是对农业产出造成的损失（徐嵩龄（1998）和汪俊三等人（1995）所估计的土地退化的直接损失都是与农业相关的损失）。

另外，国内不少学者从不同层面对贫困与土地退化之间地域和程度上的相关性进行了研究。认为，土地退化与贫困度密切相关。大约 2/3 贫困县处在生态敏感地区[1]；而在划入生态敏感地带的县中约有 76% 的县是贫困县[2]。换句话说，土地退化造成的 500 亿元左右的经济损失有 70% 左右落在贫困地区，大约 350 亿。而 1999 年我国 592 个贫困县的人口 2.2 亿人，按照 2/3 这个比例就

---

[1]　赵跃龙（1999）认为在 557 个贫困县中，生态脆弱县有 373 个，占 67%。

[2]　《中国扶贫论文精粹》，第 307 页。

是 1.5 亿人口。1.5 亿人口承担 350 亿元的经济损失！

上面只是一个粗略的估计，但至少可以定性说明我国贫困在现阶段更主要地表现为环境贫困、土地退化贫困。

## 2.3.2  研究方法

在研究方法上，一些常见的计量方法都有运用，如线性回归等。还有更常见的图形法等。但由于采用的数据比较宽泛，故得出的结论也比较宏观。如贫困人口主要集中在土地退化区域，土地退化重的地区贫困人口发生率越高等。本人拟采用更细的数据，运用多元线性回归和图表等方法来分析我国土地退化与贫困相关性问题。

# 第3章 中国土地退化与贫困状况

## 3.1 我国土地退化的分布状况

### 3.1.1 我国土地退化的总体变化情况

根据第二次全国荒漠化、沙化土地监测结果：我国土地荒漠化、沙化呈局部好转、整体恶化之势。我国荒漠化、沙化地图如图 3-1 和图 3-2 所示。

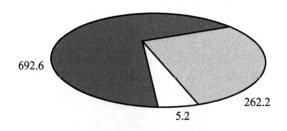

692.6

5.2

262.2

□ 1994年荒漠化面积
□ 1999年新增荒漠化土地面积
■ 未荒漠化国土面积

**图 3-1 荒漠化面积饼图**

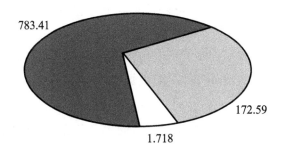

783.41

172.59

1.718

- □ 1994年沙化面积
- □ 1999年新增沙化土地面积
- ■ 未沙化国土面积

**图 3-2 沙化面积饼图**

截至 1999 年，我国有荒漠化土地 267.4 万平方千米，占国土总面积的 27.9%。与 1994 年监测结果相比，我国荒漠化仍呈扩展趋势，1995 至 1999 年，5 年净增荒漠化土地 5.2 万平方千米，年均增加 1.04 万平方千米。沙化是指在各种气候条件下，由于自然和人为因素导致土地呈现出沙质或砾质为主的土地退化，沙化土地是由此而形成的地表呈现出以沙物质为主的土地。全国沙化土地总面积到 1999 年为 174.31 万平方千米，占国土总面积的 18.2%。与 1994 年普查同等范围相比，1995 至 1999 年，5 年沙化土地净增 17180 平方千米，年均增加 3436 平方千米。

据监测，我国荒漠化土地主要分布在新疆、内蒙古、西藏、青海、甘肃、河北、宁夏、陕西、山西等 18 个省区的 471 个县、旗。沙化土地在我国 30 个省市均有分布，其中新疆 74.57 万平方千米、内蒙古 13.42 万平方千米、西藏 21.48 万平方千米、青海 13.42 万平方千米、甘肃 11.13 万平方千米、河北 2.5 万平方千米、陕西 1.45 万平方千米、宁夏 1.2 万平方千米、四川 0.95 万平方千米、山东 0.8 万平方千米，这 10 省占全国沙化土地总面积的 97%。与 1994 年第一次沙化土地普查相比，沙化土地面积扩大的省主要有内蒙古、辽宁、黑龙江、甘肃、青海、新疆、西藏、山东，共扩展 2.29 万平方千米[1]。

### 3.1.2 土地退化分省、县状况

我国土地退化分布在 18 个省区的 471 个县。具体分类如下：

**表 3-1 我国分省土地退化程度表**

| 土地退化较严重的省区 | 新疆（86）、内蒙古（73）、西藏（41）、青海（16）、甘肃（32）、河北（108）、宁夏（16）、山西（30）、陕西（12） |
|---|---|
| 土地退化较轻微的省区 | 北京（1）、天津（2）、辽宁（6）、吉林（1）、山东（26）、河南（5）、海南（3）、云南（10）、四川（3） |

数据来源：国家林业总局荒漠化监测处一手资料。
备注：括号内的数据为该省区内发生土地退化的县的个数。

根据国家林业局和中国科学院综考会提供的数据，对我国土地退化数据进行整理，可以得出我国土地退化分省、县状况。结果如下表所示：

**表 3-2 1999 年我国土地退化分省、县状况表**

| 省 份 | 总面积（万平方千米） | 土地荒漠化面积（万平方千米） | 土地荒漠化面积占总面积比 | 总县数（个） | 土地荒漠化县数（个） | 土地荒漠化县数占总县数比 |
|---|---|---|---|---|---|---|
| 新 疆 | 164.00 | 108.6 | 66.22% | 86 | 86 | 100.00% |
| 内蒙古 | 71.67 | 63.8 | 89.02% | 84 | 73 | 86.90% |
| 西 藏 | 120.17 | 43.3 | 36.03% | 77 | 41 | 53.25% |
| 青 海 | 71.67 | 20.5 | 28.60% | 39 | 16 | 41.03% |
| 甘 肃 | 40.46 | 17.8 | 43.99% | 76 | 32 | 42.11% |

---

[1] 资料来源：国家林业局一手资料。

**续表**

| 省　份 | 总面积（万平方千米） | 土地荒漠化面积（万平方千米） | 土地荒漠化面积占总面积比 | 总县数（个） | 土地荒漠化县数（个） | 土地荒漠化县数占总县数比 |
|---|---|---|---|---|---|---|
| 河　北 | 18.79 | 2.7 | 14.37% | 139 | 108 | 77.70% |
| 宁　夏 | 5.18 | 3.2 | 61.78% | 18 | 16 | 88.89% |
| 陕　西 | 20.57 | 3.1 | 15.07% | 31 | 12 | 38.71% |
| 山　西 | 15.66 | 1.6 | 10.22% | 100 | 30 | 30.00% |
| 上面9省区总计 | 528.17 | 264.6 | 50.10% | 650 | 414 | 63.69% |
| 全　国 | 960 | 267.4 | 27.85% | 2400 | 471 | 19.63% |
| 9省区占全国比重 | 55.02% | 99.0% | | 27.08% | 87.90% | |

数据来源：国家林业总局治沙办。

从上表我们可以看出，虽然我国土地退化分布在 18 个省区，但土地退化面积有 99% 分布在上述 9 省区的 414 个县。在这 9 省区中，土地退化程度还可分为三个等级：土地退化面积比大于 50% 的重度省区，包括新疆、内蒙古和宁夏；土地退化面积比在 20%～50% 之间的中度省区，包括西藏、青海和甘肃；土地退化面积比在 10%～20% 的轻度省区，包括河北、陕西和山西。

### 3.1.3　我国土地退化分类状况

荒漠化类型分类采用以形成荒漠化的主导外营力分类的方法，划分为以下几类：风蚀荒漠化，水蚀荒漠化，冻融荒漠化，土壤盐渍化和其他因素形成的荒漠化（综合因素形成的荒漠化）。

由于各类型荒漠化必然反映在一定的土地利用类型上，所以，为了更深刻地展示荒漠化对人类生存与生活的直接影响，又将荒漠化在主要土地利用类型上的表现形式特别提出来；荒漠化在主要土地利用类型方面的表现有以下几种：退化草地、退化耕地、退化林地。其中退化草地 10523.7 万公顷，退化耕地 772.6 万公顷，退化林地 10 余万公顷。除此之外，皆为植被盖度较低的退化土地。

## 1. 草地退化

草地退化的主要表现是草地群落差度明显减低，单位面积产草量明显下降，由于可食草类减少、有害（毒）草类的增加而使草地质量变劣。草地覆盖度减低后，裸露地表比例增加，为风力侵蚀的加剧创造了条件。而风力侵蚀的进程又加剧了草地退化的进程，导致了一个恶性循环的过程。此外，由于草地水分环境变劣，导致草地群落向着旱生化发展。其结果是草地生产力和草地质量都变得越来越差，具体情况如图 3-3 所示。

中国干旱、半干旱和亚湿润干旱区的草地退化非常严重，退化草地面积达 10523.7 万公顷，占这一地区草地总面积（1860.8 万公顷）的 56.6%，见表 3-3。

表 3-3 干旱、半干旱和亚湿润干旱地区退化草地分布表

| 程度 | 干旱区 | | 半干旱区 | | 亚湿润干旱区 | | 合 计 | |
|---|---|---|---|---|---|---|---|---|
| | 面积（万公顷） | 占比（%） | 面积（万公顷） | 占比（%） | 面积（万公顷） | 占比（%） | 面积（万公顷） | 占比（%） |
| 轻度 | 1817.0 | 56.2 | 2896.1 | 55.8 | 946.0 | 44.9 | 5659.1 | 53.8 |
| 中度 | 959.9 | 29.7 | 1760.5 | 34.0 | 706.2 | 33.6 | 3426.6 | 32.6 |
| 重度 | 454.4 | 14.1 | 530.9 | 10.2 | 452.8 | 21.5 | 1438.0 | 13.6 |
| 合计 | 3231.3 | 100.0 | 5187.5 | 100.0 | 2105.0 | 100.0 | 10523.7 | 100.0 |

数据来源：中国荒漠化报告中国荒漠化防治协调小组办公室 1996 年 11 月。

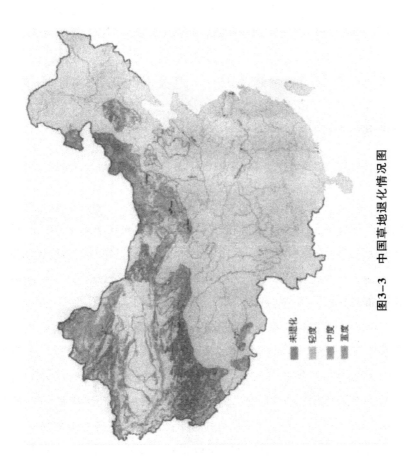

未退化
轻度
中度
重度

图3-3 中国草地退化情况图

草地退化百分率具有随气候类型区从湿变干而逐渐增大的趋势，如亚湿润干旱区退化草地面积占该类型区草地面积的 47.2%，半干旱区为 58.1%，而在干旱区则高达 62.0%。退化草地的另一个显著特点是随着人口密度的增加而呈增加的趋势。如以省、区（均指该省、区的干旱、半干旱和亚湿润干旱区，下同）为单位分析，宁夏、陕西、山西退化比例最高，退化比例为 90%~97%，其次为甘肃、辽宁、河北，退化比例约为 80%~87% 左右，新疆、内蒙古、青海、吉林四省区退化比例较低，约为 42%~64%，西藏的退化比例最低，仅占 23% 左右。

## 2. 耕地退化

干旱、半干旱和亚湿润干旱区的退化耕地面积为 772.6 万公顷，退化比例为 40.10%。中国干旱、半干旱和亚湿润干旱区的耕地总面积为 1712.8 万公顷，其中干旱、半干旱和亚湿润干旱区分别为 189.7 万公顷、415.5 万公顷和 1107.6 万公顷，我国耗地退化分布情况，如图 3-4 所示。

退化耕地主要分布在亚湿润干旱区（占 63.3%），其次是半干旱地区（占 25.0%），干旱地区较少（占 11.7%）。退化耕地主要以坡耕地为主，集中分布在黄土高原地区北部的内蒙古和陕西，分别为 235.6 万公顷和 74.0 万公顷，分别占总退化耕地面积的 30.5% 和 9.6%，其次是山西和甘肃，这些地区的耕地退化主要由水土流失引起。干旱区的退化耕地主要分布在新疆（141.0 万公顷），占总退化耕地的 18.3%。具体情况见表 3-4。

在耕地类型上，除坡耕地外，退化还发生在风沙耕地、栗钙土旱耕地、平地沙土旱耕地等类型。河北退化耕地面积约 107 万公顷，其中以盐渍化引起的退化占退化耕地的 66.0%。

从程度上看，退化耕地以轻度退化为主，面积约 371.2 万公顷，占总退化面积的 48.1%，主要分布在水土流失及干旱风沙区；

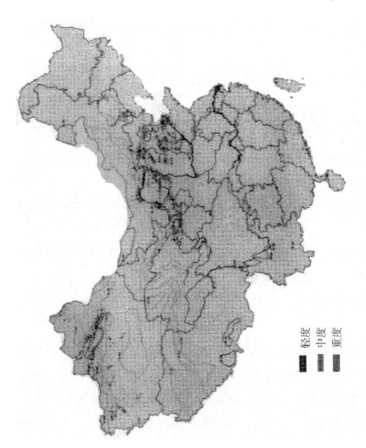

轻度
中度
重度

图3-4　我国耕地退化分布图

表 3-4　干旱、半干旱和亚湿润干旱区地区退化耕地分布表

| 程度 | 干旱区 | | 半干旱区 | | 亚湿润干旱区 | | 合　计 | |
|---|---|---|---|---|---|---|---|---|
| | 面积(万公顷) | 占比(%) | 面积(万公顷) | 占比(%) | 面积(万公顷) | 占比(%) | 面积(万公顷) | 占比(%) |
| 轻度 | 87.0 | 96.0 | 109.4 | 56.6 | 174.8 | 35.8 | 371.2 | 48.1 |
| 中度 | 3.6 | 4.0 | 45.4 | 23.5 | 160.4 | 32.8 | 209.5 | 27.1 |
| 重度 | | | 38.4 | 19.9 | 153.5 | 31.4 | 191.9 | 24.8 |
| 合计 | 90.6 | 100 | 193.2 | 100 | 488.7 | 100 | 772.6 | 100 |

　　资料来源：中国荒漠化报告中国荒漠化防治协调小组办公室 1996 年 11 月。

　　中度退化面积约 209.5 万公顷，占总退化面积的 27.1%，主要分布在西北东部的坡耕地及风蚀地；重度退化面积约为 191.9 万公顷，占退化面积的 24.8%，集中分布在黄土高原强烈侵蚀区。

　　引起耕地退化的原因主要是起伏地形上的陡坡垦耕和不合理的灌溉方式以及滥垦乱荒所引起。

### 3. 林地退化

　　林地退化不同于草地和耕地退化，在荒漠化地区，造林主要是作为一种抗荒漠化措施而进行的。因而，造林地一般极为恶劣，生长率很低。其次生长周期很长，不像草地和耕地那样，在一个生长季甚至几个月之内便可辨别其是否退化。因而，评价林地退化是一个非常复杂的问题。然而，干旱、半干旱和亚湿润干旱区的林地退化是一个不可回避的现实。由于种种原因，无论天然林还是人工林，退化情况都相当严重，其中不少地区已经出现大片林木的衰退以至死亡。

　　概括起来，荒漠化地区的林地退化主要有以下几种类型：

　　（1）由于河流自然改道，使以往河流两侧靠河水补给而生存的天然林分因干旱而产生生长上的衰退以至干枯死亡，如 1924 年

和 1952 年塔里木河两次改道就导致两侧的胡杨林和大片草场因河流断水而枯死。

（2）由于上游拦截水源，使下游来水量剧减而造成原赖以河水补给而生存的天然林或人工林分衰退以至枯死，例如塔里木河由于农业大量用水而使下游河水流量剧减以至断流，导致英苏以下至库尔干 100 余千米地段内大片胡杨林林相衰败，呈枯木和半枯木状态，胡杨林面积由 5.4 万公顷减少到 1.6 万公顷，由于中游河西走廊农业灌水的拦截使黑河每年输入下游的水量由 20 世纪 60 年代的 12 亿立方米，减至 80 年代的不足 5 亿立方米，导致下游胡杨林和红柳林衰败以至枯死。其中胡杨林面积大约从 20 世纪 40 年代的 5 万公顷减少到目前的 2.3 万公顷，红柳林从 20 世纪 50 年代的 15 万公顷减少到目前的 10 万公顷，沙枣林目前已残留很少。石羊河输往下游水量的减少，则使繁荣一时的民勤绿洲遭受劫难，大片人工林衰退死亡，以人工林、天然胡杨、红柳林为主的植被的退化率已达三分之二左右。

（3）由于超越生物气候生产力（主要是水剂的限制）人工林分群落密度过大，过量耗水造成土壤水分长期持续亏缺，林地天然降水补偿层（约 2 米左右）以下土壤干化，林地水分状态持续恶化，导致林分生产衰退以至干枯死亡。这种情况在北方许多地方的人工林中都有表现。此外，乱樵滥采也是造成林地退化的原因之一。

根据普查、调查及研究资料的初步分析估计，仅塔里木河及额济纳河中下游的天然胡杨林和天然柽柳林退化面积至少在 10 万公顷以上，整个干旱、半干旱及亚湿润干旱区的退化林地面积则更大[①]。

---

① 以上数据均来自中国防治荒漠化协调小组办公室：《中国荒漠化报告》，1996.11。

## 3.2 我国贫困状况分布图

### 3.2.1 我国贫困人口分布

贫困问题是一个世界性问题，而减少贫困乃至消灭贫困始终是世界各国面临的重大主题之一。在过去的 20 多年中，中国大大缓解了贫困现象。1978 年中国的国定农村贫困人口数是 2.5 亿，占当时农民人口的 33.1%，而到了 2000 年，中国国定农村贫困人口数减少到 3000 万，占农民人口的 3%[①]。

虽然我国在扶贫上取得了一定的成绩，但一个不容忽视的事实就是我国的贫困人口绝对数仍是巨大的。1998 年世界有 12 亿贫困人口，其中中国的贫困人口为 2.1 亿，占世界的17.5%[②]。可以说贫困问题仍旧是中国面临的一个重大问题。

我国贫困人口按东、中、西三部[③]划分主要分布在西部。由于东部经济发展较快，贫困的缓解较快。东部农村贫困人口占全国比例由 1988 年的 17.8%下降到 1999 年的 10.5%；西部经济发展缓慢，农村贫困人口占全国比例由 1988 年的 47.5%上升到 1999 年的 56.4%；相对全国经济发展速度，中部的经济发展不快不慢，农村贫困人口占全国比例变化不大，1988 年为 34.7%，1999 年为 36.1%。实际情况表明，中国现在贫困人口越来越集中于西部省区（如图 3-5 所示）。

---

① 资料来源：国家统计局农村社会经济调查总队：《中国农村贫困监测报告》，中国统计出版社 2000 年版，第 16 页。

② 资料来源：世界银行：《2000/2001 年世界发展报告》，中国财政经济出版社 2001 年版。

③ 本书的西部地区包括陕西、河北、宁夏、甘肃、青海、新疆、重庆、四川、贵州、云南、西藏；中部地区包括黑龙江、吉林、内蒙古、山西、河南、安徽、湖北、湖南、江西；东部地区包括辽宁、北京、天津、山东、江苏、上海、浙江、福建、广东、广西和海南。

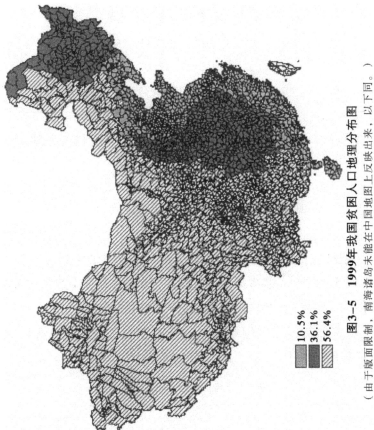

图3-5　1999年我国贫困人口地理分布图

（由于版面限制，南海诸岛未能在中国地图上反映出来，以下同。）

10.5%

36.1%

56.4%

从脱贫人口分布来看，我国脱贫人口主要是在东、中部，西部贫困人口基数大，脱贫缓慢。进入 20 世纪 90 年代以来（1991年到 1999 年），我国脱贫人口为 6000 万人；其中：东中部脱贫比例都高达 70％以上，西部脱贫比例仅 50％多一点。

表 3-5　我国脱贫人口地区分布

| 年份 | 东部（千万） | 脱贫比例（％） | 中部（千万） | 脱贫比例（％） | 西部（千万） | 脱贫比例（％） | 全国（千万） | 脱贫比例（％） |
|---|---|---|---|---|---|---|---|---|
| 1991—1999 | 1032.3 | 74.20 | 3002.6 | 72.76 | 1965.1 | 50.62 | 6000 | 63.83 |

注：脱贫比例为脱贫人口除以原贫困人口。

资料来源：国家统计局农村社会经济调查总队，《中国农村贫困监测报告》，中国统计出版社，2000 年。

### 3.2.2　我国贫困县分布

我国进行过三次贫困县确定工作。由于区域发展不平衡，所以从 3 个时点看，各省的贫困县的数量和分布也发生了一些变化。但总体来看，我国的贫困县也是主要分布在西部。

我国西部国定贫困县比例占 2/3 左右，省定贫困县比例从 1986 年的 41.58％上升到 2001 年的 63.34％。如下表所示。

表 3-6　我国贫困县按区分布表

| | 1986 年 | | | 1994 年 | | | 2001 年 | | | |
|---|---|---|---|---|---|---|---|---|---|---|
| | 国定数量 | 国定比例（％） | 省定数量 | 省定比例（％） | 国定数量 | 国定比例（％） | 省定数量 | 省定比例（％） | 国定数量 | 国定比例（％） |
| 东部总计 | 50 | 15.11 | 75 | 20.38 | 77 | 13.12 | 74 | 29.13 | 44 | 7.43 |
| 中部总计 | 76 | 22.96 | 140 | 38.04 | 149 | 25.38 | 69 | 27.17 | 173 | 29.22 |
| 西部合计 | 205 | 61.93 | 153 | 41.58 | 361 | 61.50 | 111 | 43.70 | 375 | 63.34 |

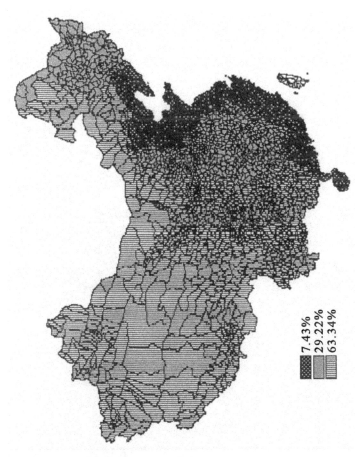

7.43%
29.22%
63.34%

图3-6　我国贫困县比例按区分布图

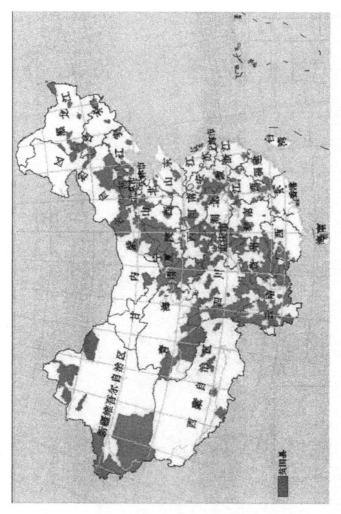

图3-7 国家"八七"计划扶持贫困县

| | 1986 年 | | | 1994 年 | | | 2001 年 | | | |
|---|---|---|---|---|---|---|---|---|---|---|
| | 国定数量 | 国定比例（%） | 省定数量 | 省定比例（%） | 国定数量 | 国定比例（%） | 省定数量 | 省定比例（%） | 国定数量 | 国定比例（%） |
| 全国合计 | 331 | 100.0 | 368 | 100.00 | 587 | 100.00 | 254 | 100.00 | 592 | 100.00 |

资料来源：① 1994 年数据来自于扶贫统计资料（1978—1998，国务院扶贫开发领导小组办公室编）；

② 1985 年数据来自于王铁生主编《中国政府消除贫困行为》，湖北科学技术出版社，1996 年；

③ 2001 年数据来自于国务院扶贫办。

另外，我们对照我国"八七"计划扶贫攻坚县，也能发现我国的贫困县主要分布在西部。

## 3.3　土地退化与贫困空间分布的相关性

在上面两节我们得出贫困主要发生在西部，土地退化也主要发生在西部。那么我国的土地退化县与贫困县之间是否具有空间上的相关性呢？

### 3.3.1　从全国尺度来分析

在我国 471 个土地退化县中，有国定贫困县 132 个。同时我们发现，在土地退化县中，有些县虽然没能列入国定贫困县，但它们的农民人均纯收入要低于同期的全国国定贫困县的平均水平，按照 1999 年全国贫困县的平均 1427 元的水平，共有 29 个县低于这个标准，这些县见表 3-7。

表 3-7　农民人均收入低于 1427 元的土地退化县

中未列入国定贫困县的名单

| 县　名 | 农民年人均收入（元） | 县　名 | 农民年人均收入（元） |
|---|---|---|---|
| 山西阳曲 | 1096 | 青海乐都 | 1248 |
| 山西大同市 | 944 | 青海互助县 | 1086 |
| 山西浑源县 | 752 | 青海尖扎 | 782 |
| 山西左云 | 1012 | 青海贵德 | 1119 |
| 山西大同县 | 1085 | 青海贵南 | 1420 |
| 山西应县 | 1309 | 新疆阿克苏 | 1351 |
| 山西定襄 | 1247 | 新疆库车 | 1265 |
| 山西宁武 | 806 | 新疆沙雅 | 1240 |
| 山西交城 | 1381 | 新疆新和 | 971 |
| 山西寿阳 | 1246 | 新疆阿瓦提 | 1262 |
| 内蒙古阿鲁科尔沁旗 | 1016 | 新疆泽普 | 1291 |
| 内蒙古正镶白旗 | 1318 | 新疆莎车 | 1058 |
| 辽宁北票 | 1409 | 新疆麦盖提 | 1231 |
| 云南永胜 | 806 | 新疆伽师 | 1022 |
| | — | 新疆巴楚 | 774 |

数据来源：中国农业银行统计年鉴，中国统计出版社，2000。

综合上面，我们认为在土地退化发生的 471 个县中，有贫困县 162 个，对比未发生土地退化的县，我们发现土地退化县与贫困县在地理分布上有很大的相关性。如下表所示：

表 3-8　我国土地退化县与国定贫困县数据

| 我国总县数（A） | 国定贫困县数（B） | B/A | 土地退化县数（C） | 土地退化县中国定贫困县数（D） | D/C | 非土地退化县（E） | 非土地退化县中国定贫困县数（F） | F/E |
|---|---|---|---|---|---|---|---|---|
| 2400 | 592 | 0.247 | 471 | 132 | 0.280 | 1929 | 460 | 0.238 |

从上表中我们可以看出，就全国来说，发生土地退化的贫困县比例比未发生土地退化的国定贫困县比例要高 4.2 个百分点。这是总体的情况，具体到局部来说，土地退化与贫困的相关性要更高。

按照我国地理分布，可以把我国分为东、中、西三块。我们可以按照这一划分来区分土地退化与贫困。

表 3-9　1999 年土地退化与贫困地理分布　　　　　　单位：%

|  | 全　国 | 西　部 | 东中部 | 西部/东中部 |
|---|---|---|---|---|
| 土地退化发生率 | 27.9 | 38.7 | 2.5 | 15.4 |
| 贫困发生率 | 3.7 | 5.7 | 1.7 | 3.3 |

数据来源：国家统计局农村社会经济调查总队编，中国农村贫困监测报告 2000，中国统计出版社，2001。

从表 3-9 可以看出，我国土地退化主要在西部，就相同单位面积的土地，西部发生土地退化率是东中部的 15.4 倍；西部贫困发生率是东中部的 3.3 倍。这说明土地退化主要分布在西部，而贫困也更多地分布在西部，且西部脱贫缓慢（在上一节我们以作了阐述）。在西部集中了土地退化、贫困以及脱贫缓慢这三种现象。

### 3.3.2　从西部尺度来分析

下面，我们就西部的省份来具体分析西部的土地退化与贫困。在第一节中，我们知道土地退化主要分布在新疆、内蒙古、西藏、青海、甘肃、河北、宁夏、陕西、山西等 9 省区，其中西部有 7 省区，占全国土地退化面积的 97.3%。西部 6 省区[①]土地退化以及贫困县分布如下图表所示：

---

① 由于西藏部分数据的缺少，我们只能对其中的 6 省区进行研究。

表 3-10　西部省区土地退化县中贫困县的分布

|  | 总县数 | 贫困县数 | 贫困县所占比例 | 土地退化县数 | 土地退化县中贫困县数 | 贫困县所占比例 |
|---|---|---|---|---|---|---|
| 内蒙古 | 84 | 32 | 0.381 | 73 | 30 | 0.411 |
| 陕　西 | 92 | 47 | 0.511 | 12 | 12 | 1.000 |
| 甘　肃 | 76 | 41 | 0.539 | 32 | 12 | 0.375 |
| 青　海 | 39 | 19 | 0.487 | 16 | 8 | 0.500 |
| 宁　夏 | 20 | 8 | 0.400 | 16 | 4 | 0.250 |
| 新　疆 | 86 | 35 | 0.407 | 86 | 35 | 0.407 |

在西部，土地退化县与贫困县的重叠区域主要发生在陕西、内蒙古、新疆和青海，这些省区的土地退化县有 40% 以上为贫困县，大大超过全国 25.9% 的水平。其中以陕西省最为突出，陕西省的土地退化县全为贫困县。

结合上节西部各主要省的土地退化面积数据，我们可以做出西部主要省土地退化图和土地退化县中贫困县分布图。

结合图 3-8 和图 3-9，我们可以明显看到，在西部土地退化主要发生的 6 省区中，土地退化县中贫困县比例可分为三个等级：比例在 0.25～0.4 之间的宁夏和甘肃省；比例在 0.4～0.5 之间的新疆和内蒙古，比例在 0.5～1 之间的青海和陕西。最高的是陕西省，达到了 100%。

由于土地退化主要集中在西部的 7 个省份，我们用 GIS 画出在西部 7 省份既是土地退化县，又是贫困县的分布图，即图 3-10：

对照图 3-10、图 3-3 和图 3-4，我们可以看到我国西部大部分土地退化贫困县的土地退化类型为草地退化和耕地退化。新疆西部的 30 个贫困县分布着中重度草地退化和轻度耕地退化。内蒙古的东南省界的贫困县以轻度草地退化为主。陕西北部的贫困县以耕地退化为主，宁夏、甘肃的贫困县以轻、中度草地退化为主。

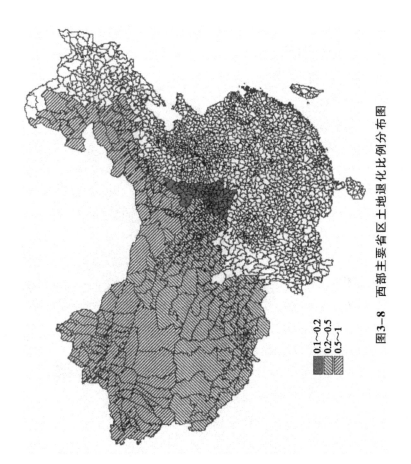

图3-8　西部主要省区土地退化比例分布图

0.1～0.2
0.2～0.5
0.5～1

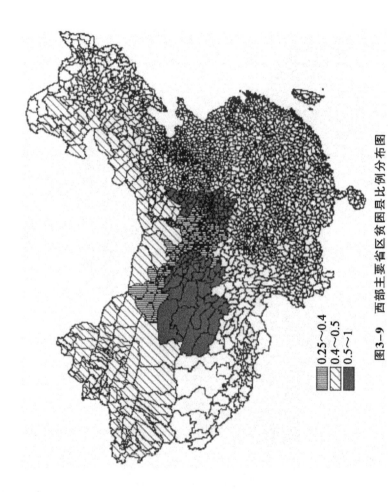

0.25~0.4
0.4~0.5
0.5~1

图3-9　西部主要省区贫困县比例分布图

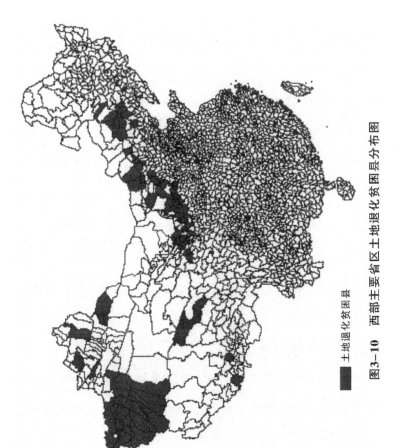

■ 土地退化贫困县

图 3-10 西部主要省区土地退化贫困县分布图

　　由于我国土地退化与贫困县最相关的省份在陕西，下一章我们就陕西省土地退化与贫困的相关性用多元线性回归等方法来进一步分析。

表 3-11　我国发生土地退化的 471 个县

| 省区名 | 县　　名 |
|---|---|
| 北京（1） | 大　兴 |
| 河北（108） | 石家庄市、井陉县、鹿泉市、正定县、栾城、行唐县、灵寿县、藁城市、深泽县、无极县、平山县、元氏县、赵县、辛集市、新乐市、晋州市、遵化市、邯郸市、邯郸县、临漳县、成安县、大名县、磁县、肥乡县、永年县、邱县、鸡泽县、广平县、魏县、曲周县、武安市、邢台市、邢台县、临城县、内丘县、柏乡县、隆尧县、任县、南和县、宁晋县、巨鹿县、新河县、广宗县、平乡县、威县、清河县、临西县、南宫市、沙河市、满城县、保定、清苑、张家口、宣化县、张北县、康保县、尚义县、蔚县、阳原县、怀安县、万全县、怀来县、涿鹿县、赤城县、崇礼县、平泉县、沧县、海兴县、盐山县、南皮县、吴桥县、孟村自治县、任丘市、黄骅市、河间市、廊坊市、固安县、永清县、文安县、霸州市、涿州市、定州市、高碑店市、徐水县、定兴县、唐县、涞水县、望都县、安新县、高阳县、雄县、曲阳县、蠡县、容城县、博野县、衡水市、枣强县、深州市、武邑县、武强县、饶阳县、安平县、故城县、景县、顺平县 |
| 天津（2） | 武清、静海 |
| 山西（30） | 太原市、清徐县、阳曲县、古交市、大同市、阳高县、天镇县、广灵县、浑源县、左云县、大同县、朔州市、山阴县、应县、怀仁县、忻州市、原平市、定襄县、宁武县、河曲县、保德县、偏关县、文水、交城、临县、榆次区、寿阳、太谷、祁县、平遥 |
| 内蒙古（73） | 呼和浩特、土默特左旗、托克托县、包头、土默特右旗、固阳、乌海、赤峰、阿鲁科尔沁旗、巴林左旗、巴林右旗、林西、克什克腾旗、翁牛特旗、喀喇沁旗、宁城、敖汉旗、满洲里、鄂温克族自治旗、新巴尔虎右旗、新巴尔虎左旗、科尔沁右翼中旗、通辽、科尔沁左翼中旗、科尔沁左翼后旗、开鲁、库伦旗、奈曼旗、扎鲁特旗、二连浩特、锡林浩特、阿巴嘎旗、苏尼特左旗、苏尼特右旗、东乌珠穆沁旗、镶黄旗、正镶白旗、正蓝旗、丰镇、武川、和林格尔、清水河、 |

续表

| 省区名 | 县名 |
|---|---|
| 内蒙古（73） | 卓资、化德、商都、兴和、凉城、察哈尔右翼前旗、察哈尔右翼中旗、察哈尔右翼后旗、达尔罕茂明安联合旗、四子王旗、东胜、达拉特旗、准格尔旗、鄂托克前旗、鄂托克旗、杭锦旗、乌审旗、伊金霍洛旗、临河、五原、磴口、乌拉特前旗、乌拉特中旗、乌拉特后旗、杭锦后旗、阿拉善左旗、阿拉善右旗、额济纳旗 |
| 辽宁省（6） | 朝阳市、朝阳县、建平、喀喇沁左翼蒙古族自治县、北票、凌源市 |
| 吉林省（1） | 通榆县 |
| 山东省（26） | 高青、东营、垦利、利津、广饶、寿光、滨州、惠民、阳信、无棣、沾化、博兴、邹平、德州、乐陵、陵县、平原、夏津、武城、聊城、临清、阳谷、莘县、茌平、高唐 |
| 河南省（5） | 安阳、内黄、南乐、范县、台前 |
| 海南省（3） | 昌江黎族自治县、东方市、乐东黎族自治县、 |
| 四川省（3） | 巴塘、乡城、得荣 |
| 云南省（10） | 牟定、大姚、永仁、元谋、武定、元江哈尼族彝族傣族自治县、宾川、鹤庆、永胜、中甸 |
| 西藏自治区（41） | 当雄、尼木、曲水、堆龙德庆、芒康、盐井、乃东、扎囊、贡嘎、桑日、琼结、曲松、措美、加查、隆子、错那、浪卡子、日喀则、南木林、江孜、定日、萨迦、拉孜、昂仁、谢通门、白朗、仁布、康马、定结、仲巴、岗巴、班戈、尼玛、普兰、札达、噶尔、日土、革吉、改则、措勤、隆格尔 |
| 陕西省（12） | 吴旗、榆林、神木、府谷、横山、靖边、定边、绥德、米脂、佳县、清涧、子洲 |
| 甘肃省（32） | 兰州、永登、皋兰、榆中、嘉峪关、金昌、永昌、白银、靖远、会宁、景泰、玉门、酒泉、敦煌、金塔、肃北蒙古族自治县、阿克塞哈萨克族自治县、安西、张掖、肃南裕固族自治县、民乐、临泽、高台、山丹、武威、民勤、古浪、天祝藏族自治县、定西、临洮、环县、永靖 |
| 青海自治区（16） | 平安、民和回族土族自治县、乐都、互助土族自治县、尖扎、贵德、贵南、治多、曲麻莱、海西直辖区、格尔木、德令哈、乌兰、都兰、天峻 |

| 省区名 | 县　名 |
|---|---|
| 宁夏（16） | 银川、永宁、贺兰、石嘴山、平罗、陶乐、惠农、吴忠、青铜峡、中卫、中宁、灵武、盐池、同心、固原、海原、 |
| 新疆（86） | 乌鲁木齐县、克拉玛依、吐鲁番、鄯善、托克逊、哈密、巴里坤哈萨克自治县、伊吾、昌吉、阜康市、米泉、呼图壁、玛纳斯、奇台、吉木萨尔、木垒哈萨克自治县、博乐、精河、温泉、库尔勒、轮台、尉犁、若羌、且末、焉耆回族自治县、和静、和硕、博湖、阿克苏、温宿、库车、沙雅、新和、拜城、乌什、阿瓦提、柯坪、阿图什、阿克陶、阿合奇、乌恰、喀什、疏附、疏勒、英吉沙、泽普、莎车、叶城、麦盖提、岳普湖、伽师、巴楚、塔什库尔干塔吉克自治县、和田市、和田、墨玉、皮山、洛浦、策勒、于田、民丰、奎屯、伊宁市、伊宁县、察布查尔锡伯自治县、霍城、巩留、新源、昭苏、特克斯、尼勒克、塔城、额敏、乌苏、沙湾、托里、裕民、和布克赛尔蒙古自治县、阿勒泰、布尔津、富蕴、福海、哈巴河、青河、吉木乃、石河子 |

# 第4章 土地退化与贫困相关性分析

## 4.1 土地退化与贫困分析方法

在上一章里，我们讨论了土地退化的主要的西部7省区中，陕西省的土地退化县都是贫困县。在这一章里，我们就陕西来做一个分析。

陕西省发生土地退化的十二个县地处陕北的湿润指数为0.5～0.65之间的亚湿润干旱区，这十二个县都是国定贫困县。它们分别是吴旗、榆林、神木、府谷、横山、靖边、定边、绥德、米脂、佳县、清涧、子洲。陕西土地退化与这十二个贫困县分布图如下所示：

图 4-1 陕西土地退化
分布县界图

图 4-2 陕西土地退化
贫困县分布图

由于土地退化对农民的最直接影响是人均农业产值，进而影响农民人均纯收入。为此，我们先用图表法和相关性分析法来分析土地退化与单位农业用地面积农业产值、人均农业产值、农民人均收入的关系。在此基础上，我们采用相关性分析方法线性回归方法来进一步分析土地退化对农民收入造成多大影响。在这中间，我们按照逐步递进方法，先采用虚拟变量，即选取土地退化发生与否为虚拟变量来分析，之后用土地退化百分比指标和土地退化程度来分析。

### 4.1.1 土地退化与贫困的相关性分析

衡量贫困的指标有很多，最通常的是农民人均纯收入这个指标。由于土地退化造成农民经济损失，这已在前面的文献综述中提到。下面从理论上来分析：

根据生产函数 $Y=F（L，K）$ 表明，资本是产出的函数，而资本包括土地，土地要素是产出的函数。

同时，产出是国民收入的函数，即 $R=F（Y）$，所以土地要素也是国民收入的函数，即 $R=F（K，L）$。所以人均收入 $r=R÷P$（总人口）与土地也存在函数关系。

### 4.1.2 土地退化与贫困的多元线性回归分析方法

#### 1. 农民人均收入与土地退化的模型分析

作为度量贫困的一个指标，人均收入一直是世界以及我国衡量贫困的一个标准。农民人均收入（R）按来源可分为从第一产业获得和从其他产业获得。

$$R = R_{农} + R_{非农} \tag{1}$$

农民人均收入中的农业收入①的影响因素有土地（$L_1$）、技术（$T$）。

土地（$L_1$）包括土地的数量和质量，土地数量就是土地面积（$L_S$），土地质量我们用土地退化（$L_D$）这个指标。

$$R_{农} = F(L_S, L_D, T) \tag{2}$$

农民人均收入中的非农收入的影响因素主要有该地区的第一产业总值占 GDP 比例（C）。

$$R_{非农} = F(C) \tag{3}$$

综合方程式（1）（2）（3）可得：

$$R = F(L_S, L_D, T, C)$$

2. 指标选择和数据的获得

土地数量，我选取人均农业用地面积，它包括耕地、草地和林地。

土地质量，我们可以采用一个虚拟变量的形式：即发生土地退化的县取值 0，未发生的取值 1；或者是数量的形式：即依据发生土地百分比来度量。以及序列变量形式，按土地退化程度，即轻、中、重三个等级分别用（1，0，0）、（0，1，0）和（0，0，1）来代表。

技术指标由于很难来度量，我们只能粗略的采用化肥使用量、地膜使用量这些指标。

非农收入我采用第一产业总值占 GDP 份额这个指标。

---

① 农民的农业收入来源还有渔业，由于我的研究对象主要在陕西北部，渔业的比重较少，故在此不考虑。

表 4-1　收入的指标选择分析

| | 解　释 | 可选择指标 | 替代指标 |
|---|---|---|---|
| 土　地 | 土地质量 | 土地退化面积百分比（一）虚拟变量 | 土地退化面积百分比（一）、土地退化程度（轻、中、重）（一） |
| | 土地数量 | 人均农业用地面积（＋） | 人口密度（一） |
| 技　术 | | 化肥使用量（＋） | 人均机械动力、地膜使用量（＋） |
| 产业结构 | | 第一产业总值占GDP份额（一） | |

## 4.1.3　数据获得

### 1. 土地退化数据获得

从国家林业总局获得，1999 年陕西土地退化面积为 3.1 万平方千米，见陕西 1999 年重点监测县沙化土地面积统计表以及全国土地退化分布图。运用 ARC VIEW GIS 软件可以对全国土地退化分布图中陕西部分与陕西县界分布图进行叠加，得出我们上一节所提供的陕西土地退化分布县界图。然后在运用 GIS 里的一般计算功能得出陕西土地退化分布表：

表 4-2　1999 年陕西省重点监测县沙化土地面积统计表

| 县　　名 | 沙化土地面积（平方千米） | 行政区域面积（平方千米） | 沙化土地（％） |
|---|---|---|---|
| 定边县 | 2150.903 | 6920 | 31.08 |
| 府　谷 | 281.038 | 3212 | 8.75 |
| 横山县 | 1144.786 | 4081 | 28.05 |

续表

| 县名 | 沙化土地面积<br>（平方千米） | 行政区域面积<br>（平方千米） | 沙化土地<br>（%） |
|---|---|---|---|
| 佳　县 | 105.85 | 2144 | 4.94 |
| 靖边县 | 2074.638 | 5088 | 40.78 |
| 神木县 | 3887.369 | 7635 | 50.92 |
| 榆林市 | 4619.156 | 7035 | 65.66 |
| 总　计 | 14263.74 | 36115 | 39.50 |

表 4-3　陕西土地退化面积分布表

| 县　名 | 行政区域面积<br>（平方千米） | 退化面积占<br>总面积比例 | 土地退化面积<br>（平方千米） |
|---|---|---|---|
| 吴　旗 | 3792 | 0.005 | 18.96 |
| 榆　林 | 7035 | 0.9 | 6331.5 |
| 神　木 | 7635 | 0.9 | 6871.5 |
| 府　谷 | 3212 | 1 | 3212 |
| 横　山 | 4081 | 0.72 | 2938.32 |
| 靖　边 | 5088 | 0.35 | 1780.8 |
| 定　边 | 6920 | 0.7 | 4844 |
| 绥　德 | 1878 | 0.4 | 751.2 |
| 米　脂 | 1212 | 1 | 1212 |
| 佳　县 | 2144 | 0.95 | 2036.8 |
| 清　涧 | 1881 | 0.005 | 9.405 |
| 子　洲 | 2042 | 0.5 | 1021 |
| 合　计 | 46920 | 0.66 | 31027.49 |

从表 4-3 可以看出，用 GIS 软件处理的结果为陕西土地退化面积为 31027.49 平方千米，与国家林业总局提供的数据 3.1 万平方千米有一个很好的相符。

### 2. 其他数据获得

其他经济数据主要从陕西统计年鉴、中国县（市）社会经济统计年鉴和中国农业银行统计年鉴获得。综合上面的数据，把陕西其他未发生土地退化县的土地退化面积用 0 来度量，这样我们就构建了一个陕西地理经济数据库。

### 3.1.4 以土地退化指标的不同选择的分析方法

由于土地退化衡量指标有三个，一是土地退化发生与否的虚拟变量，二是土地退化百分比的多少，三是土地退化程度，即轻、中、重三个等级。故我们按三类土地退化指标分别作多元线性回归模型。

由于我们对陕西省土地退化的前两类指标占有比较充分。故前两类的多元线性回归模型我们选取陕西省。而且，由于陕西省土地退化县大部分为重度退化，故对第三类土地退化指标的多元模型我们必须以全国土地退化县为分析对象。具体处理为：第一步，选取全国土地退化发生率在 90% 以上的县，把它们看作土地退化完全县；第二步，由于缺乏全部数据，剔除兰州，二连浩特、嘉峪关，金塔四地；第三步，按照土地退化程度的轻、中、重的权重分为三类，即按土地退化程度（轻、中、重）所占比例的大少来进行归类，由于土地退化的连续性，绝大多数的土地退化县的退化程度以一种为主，只有 4 个县的土地退化程度分布比较接近，为 4：6 左右，我们把它们近似处理为比例多的退化土地类型。最后我们得出 66 个土地退化完全县。在分类中我们发现在 66 个县中，属于退化土地轻、中、重的县分别有 22 个、9 个和 35 个。而且在属于中部的县中有 5 个是西藏自治区的，由于西藏自治区 1999 年农民人均收入资料缺乏，为此，我们只作土地退化为轻和重的比较分析。

## 4.2　土地退化与贫困分析结果

### 4.2.1　陕西省土地退化县与未发生土地退化县对比分析

土地退化导致土地生产力下降，集中表现在农业用地面均第一产业总值上的差距，发生土地退化县每亩农业用地面积的产值是未发生土地退化县的 11.30%，这个差距影响了面均 GDP，土地退化县是未发生退化县的 19.91%。

表 4-4　陕西省土地退化县与未发生土地退化县经济数据对比表

| | 农业用地面①均第一产业总值（元/亩） | 面均 GDP（万元/平方千米） | 农民人均第一产业总值（元/人） | 人均国内生产总值（元/人） | 农民人均收入（元/人） |
|---|---|---|---|---|---|
| 土地退化县 | 21.5 | 14.32 | 484.95 | 2145.29 | 1032.4 |
| 未发生土地退化县平均 | 190.2 | 71.93 | 1123.22 | 2885.06 | 1386.6 |
| 土地退化县占未发生土地退化比例 | 11.30% | 19.91% | 43.17% | 74.36% | 74.46% |

数据来源：《陕西统计年鉴》（2000 年），中国统计出版社。

由于土地退化县的土地生产力下降，使得农民人均第一产业总值相比未土地退化县低了 638.27 元；而对比人均 GDP 来说，两者差距是 739.77 元，所以可以说对于土地退化县和未发生土地退化县两者来说，它们的人均二、三产业总值差别不大，或者说相比人均第一产业总值这个差别很小。

---

① 农业用地面积采用的是综考会提供的土地利用类型数据，由耕地、草地和林地加总。

由于土地退化县和未发生土地退化县的差别主要集中在第一产业上，而土地退化县与未发生土地退化县的人均收入差距也更主要是由于人均第一产业总值的差距而产生的。所以说在陕西省土地退化县的农民人均收入低是因为土地退化造成的。

### 4.2.2　土地退化与贫困的相关性分析

#### 1. 土地退化与否与相应经济指标的相关性

下面我们作相关性分析，先把发生土地退化的县指标设为1，未发生的设为0，用这个土地退化县有无指标分布和农业用地面均第一产业总值、农民人均第一产业总值、农民人均收入等指标进行相关性分析。运用SPSS软件中的相关性分析，结果如下：

表 4-5　相关系数结果表

|  |  | 土地退化县 | 农民人均第一产业总值 | 农民人均收入 |
|---|---|---|---|---|
| 土地退化县 | Pearson系数 | 1.000 | −0.426* | −0.294** |
|  | 显著性（双边） | 0.0 | 0.000 | 0.005 |
|  | 样本量 | 91 | 91 | 91 |

*系数在 0.01 水平上显著（双边）。
**系数在 0.05 水平上显著（双边）。

结果：从结果我们可以看到土地退化县与农民人均第一产业总值、农民人均收入等三个指标的相关性显著，拒绝的概率分别为 0.000，和 0.005。并且它们的相关系数都大于 0.29，土地退化县与农民人均第一产业总值的相关系数达到了 0.426。

结果说明：由于土地退化与人均第一产业总值的相关系数要大于与农民人均收入的相关系数。说明土地退化与人均第一产业总值更相关，土地退化与农民人均收入的相关是由土地退化和农民人均第一产业总值的相关性传递过去的。

## 2. 土地退化百分比与相应经济指标的相关性

分析完土地退化发生与否与人均收入等指标的相关性，我们下面来分析土地退化多少与人均收入等指标的相关性。用 SPSS 软件对数据进行处理，结果如下：

**表 4-6　相关系数结果表**

| | | 退化百分比 | 农民人均第一产业总值 | 农民人均收入 |
|---|---|---|---|---|
| 退化百分比 | Pearson 系数 | 1.000 | −0.435* | −0.262** |
| | 显著性（双边） | 0.0 | 0.000 | 0.013 |
| | 样本量 | 90 | 90 | 90 |

*系数在 0.01 水平上显著（双边）。
**系数在 0.05 水平上显著（双边）。

结果：从结果我们可以看到土地退化百分比与农民人均第一产业总值、农民人均收入等指标的相关性显著，拒绝的概率分别为 0.000 和 0.013。与农业用地面均第一产业总值相关性较显著，并且它们的相关系数都大于 0.2，土地退化县与农民人均第一产业总值的相关系数达到了 0.435。

结果说明：和上一个表的结果类似，土地退化与人均第一产业总值的相关系数要大于与农民人均收入的相关系数。验证了土地退化与农民人均收入的相关是由土地退化和农民人均第一产业总值的相关性传递过去的。

## 4.2.3　多元模型回归结果

下面我们分三种情况作回归，一种是用土地退化的虚拟变量，另一种是用土地退化百分比，第三种为土地退化程度的轻和重的序列变量。

### 1. 用土地退化县虚拟变量的回归结果

用土地退化与否，农民人均农业用地面积，第一产业总值占GDP 比例，农业用地面均化肥使用量为自变量，农民人均收入为因变量。回归结果如下：

表 4-7　模型综述表

| R | $R^2$ | 调整后的 $R^2$ | 估计标准差 |
|---|---|---|---|
| 0.611 | 0.373 | 0.344 | 280.59 |

a. 自变量：常数项，土地退化县，农民人均农业用地面积，第一产业总值占 GDP 比例，农业用地面均化肥使用量。

b. 因变量：农民人均收入。

表 4-8　方差分析表

| | 平方和 | $df$ | 均平方 | $F$ | 显著性 |
|---|---|---|---|---|---|
| $R$ | 4029038.192 | 4 | 1007259.548 | 12.793 | 0.000 |
| 残差 | 6771031.633 | 86 | 78732.926 | — | — |
| 合计 | 10800069.824 | 90 | — | — | — |

a. 自变量：常数项，土地退化县，农民人均农业用地面积，第一产业总值占 GDP 比例，农业用地面均化肥使用量。

b. 因变量：农民人均收入。

表 4-9　系数分析表

| | 非标准化系数 | | 标准化系数 | $t$ | 显著性 |
|---|---|---|---|---|---|
| | B | 标准差 | Beta | — | — |
| C（常数项） | 1300.050 | 91.099 | — | 14.271 | 0.000 |
| 土地退化县 | −260.940 | 93.699 | −0.256 | −2.785 | 0.007 |
| 农业用地面均化肥使用量（千克/亩） | 14.520 | 2436.503 | 0.572 | 5.959 | 0.000 |

续表

|  | 非标准化系数 |  | 标准化系数 | $t$ | 显著性 |
|---|---|---|---|---|---|
| 第一产业总值占 GDP 比例 | $-541.280$ | 221.221 | $-0.224$ | $-2.447$ | 0.016 |
| 农民人均农业用地面积（亩/人） | 4.147 | 0.000 | 0.277 | 2.924 | 0.004 |

a. 因变量：农民人均收入。

模型结果：模型的 $R=0.611$，$F$ 值为 12.793；说明模型显著，各自变量的系数的 $T$ 值都大于 2，说明可以拒绝系数为 0 的假设。

最后的回归方程为：

农民人均收入 $=-260.94^*$ 土地退化县 $+4.147^*$ 农民人均农业用地面积 $-541.280^*$ 第一产业

$\qquad(-2.785)\qquad\qquad(2.924)\qquad\qquad\qquad(-2.447)$

总值占 GDP 比例 $+14.52^*$ 农业用地面均化肥使用量 $+1300.05$

$\qquad\qquad\qquad(5.959)\qquad\qquad\qquad\qquad(14.271)$

结果：土地退化发生的县农民平均收入因为土地退化原因比未发生土地退化县低 260.94 元。

## 2. 用土地退化百分比的回归结果

用土地退化百分比，农民人均农业用地面积，第一占 GDP 比例，农业用地面均化肥使用量为自变量，农民人均收入为因变量。回归结果如下：

表 4-10　模型综述表

| $R$ | $R^2$ | 调整后的 $R^2$ | 估计标准差 | $R$ |
|---|---|---|---|---|
| 0.612 | 0.375 | 0.346 | 274.27 | 1.166 |

a. 自变量：常数项，农业用地面均化肥使用量，第一产业总值占 GDP 比例，退化百分比，农民人均农业用地面积。

b. 因变量：农民人均收入。

表 4-11 方差分析表

|  | 平方和 | $df$ | 均平方 | $F$ | 显著性 |
|---|---|---|---|---|---|
| $R$ | 3839010.263 | 4 | 959752.566 | 12.758 | .000 |
| 残差 | 6394108.137 | 85 | 75224.802 | — | — |
| 合计 | 10233118.400 | 89 | — | — | — |

a. 自变量：常数项，农业用地面均化肥使用量，第一产业总值占 GDP 比例，退化百分比，农民人均农业用地面积。

b. 因变量：农民人均收入。

表 4-12 系数分析表

|  | 非标准化系数 | | 标准化系数 | $t$ | 显著性 |
|---|---|---|---|---|---|
|  | B | 标准差 | Beta | | |
| C（常数项） | 1331.769 | 90.347 | — | 14.741 | 0.000 |
| 农业用地面均化肥使用量（千克/亩） | 14.363 | 2379.480 | 0.581 | 6.036 | 0.000 |
| 第一产业总值占 GDP 比例 | −609.153 | 218.899 | −0.255 | −2.783 | 0.007 |
| 农民人均农业用地面积（亩/人） | 3.847 | 0.000 | 0.263 | 2.769 | 0.007 |
| 土地退化百分比 | −330.043 | 126.018 | −0.241 | −2.619 | 0.010 |

a. 因变量：农民人均收入。

模型结果：$R=0.612$，$F$ 值为 12.758；说明模型显著。各自变量的系数的 $T$ 值都大于 2，说明可以拒绝系数为 0 的假设。

最后的回归方程为：

农民人均收入＝−330.043* 土地退化百分比＋3.847* 农民人均农业用地面积−609.153*

（−2.619）　　　　　　（2.769）　　　　　　　　（−2.783）

第一产业总值占 GDP 比例＋14.363* 农业用地面均化肥使用量＋1331.769

（6.036）　　　　　　　　　　（14.741）

结果说明：土地退化每增加 1%，农民人均收入减少 3.3 元。
如下图所示：

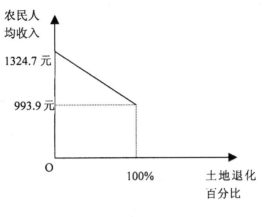

**图 4-3**

系数分析：

我们把 12 个土地退化县的各个指标的变化区间统计如下表。

表 4-13　土地退化县的各个指标的变化区间

| 指　　标 | 变动区间 | 变动值 | 系　　数 | 变动值与系数之积 |
|---|---|---|---|---|
| 土地退化百分比 | (0，1) | 1 | −330.043 | −330.04 |
| 农民人均农业用地面积 | (8.5，52.4) | 43.9 | 3.847 | 168.88 |
| 第一产业总值占 GDP 比例 | (4.9%，44.2%) | 39.3% | −609.153 | −239.40 |
| 农业用地面均化肥使用量 | (0.68，2.3) | 1.62 | 14.363 | 23.27 |

从表中我们可以看到，在发生土地退化的十二个县中，土地退化百分比对农民收入影响最大，达到 330.04 元；其次是第一产业总值占 GDP 比例和农民人均农业用地面积，影响最小的是农业用地面均化肥使用量。

上述结果说明，陕西土地退化县的贫困主要是由土地退化造成的，我们把这种贫困定义为"土地退化型贫困"。

模型不足：本模型的一个不足是反映技术的指标，即农业用地面均化肥使用量不全面。作为陕北 12 个县，它们的技术差别应该不是很大，但这个指标的变动范围为（0.68，2.3）。差别达到 4 倍左右。

### 3. 用土地退化程度的轻、重序列变量回归结果

用土地退化重度（土地退化轻度为对比变量），农民人均农业用地面积，第一产业总值占 GDP 比例，农业用地面均化肥使用量为自变量，农民人均收入为因变量。回归结果如下：

表 4-14 模型综述表

| R | R² | 调整后的 R² | 估计标准差 |
|---|---|---|---|
| 0.499 | 0.249 | 0.194 | 642.64 |

a. 自变量：常数项，农业用地面积化肥使用量，重度，第一产业总值占 GDP 份额 99，农民人均农业用地面积。

表 4-15 方差分析表

| | 平方和 | $df$ | 均平方 | F | 显著性 |
|---|---|---|---|---|---|
| R | 7521309.5 | 4 | 1880327.4 | 4.553 | 0.003 |
| 残差 | 22714319.7 | 55 | 412987.6 | — | — |
| 合计 | 30235629.2 | 59 | — | — | — |

a. 自变量：常数项，农业用地面积化肥使用量，重度，第一产业总值占 GDP 份额 99，农民人均农业用地面积。
b. 因变量：99 农民人均收入。

表 4-16 系数分析表

| | 非标准化系数 | | 标准化系数 | t | 显著性 |
|---|---|---|---|---|---|
| | B | 标准差 | Beta | — | — |
| 常数 | 2077.018 | 244.062 | — | 8.510 | .000 |

续表

| | 非标准化系数 | | 标准化系数 | t | 显著性 |
|---|---|---|---|---|---|
| 重度土地退化 | −277.058 | 168.909 | −0.192 | −1.640 | 0.107 |
| 第一产业总值占 GDP 份额 99 | −797.657 | 488.271 | −0.191 | −1.634 | .108 |
| 农民人均农业用地面积（亩/人） | 0.243 | 0.000 | 0.322 | 2.715 | 0.009 |
| 农业用地面积化肥使用量（千克/亩） | 4.449 | 18073.360 | 0.292 | 2.461 | .017 |

a. 因变量：99 农民人均收入。

$R = 0.449$，$F$ 值为 4.553；说明模型基本显著。

最后的回归方程为：

农民人均收入 = −277.058* 重度土地退化 + 0.243* 农民人均农业用地面积 − 797.657*

（−1.640）　　　　　（2.715）　　　　　　　　　（−1.634）

第一产业总值占 GDP 比例 + 4.449* 农业用地面均化肥使用量 + 2077.018

（2.461）　　　　　　　　　　（8.510）

结果：对比土地退化程度轻来说，土地退化程度重会使得农民人均收入多减少 277 元。

下面就这一小节的多元模型回归结果进行总结：从土地退化虚拟变量模型来说，土地退化与否对农民人均收入的影响是 261 元。具体到土地退化百分比来说，土地退化增加 1% 会使农民人均收入减少 3.3 元，完全土地退化造成的农民人均收入 330 元损失是所有影响农民人均收入因素中最大的。就土地退化程度来说重度退化比轻度退化要使农民人均收入减少 277 元。

结果说明，无论是从反映土地退化整体情况的土地退化与否，到反映土地退化量的指标的土地退化面积还是到反映土地退化质的指标的土地退化程度来说，土地退化都会造成农民人均收入的下降和贫困现象的发生。

## 4.3 土地退化型贫困对我国贫困的影响

在上一节中，我们得出，完全土地退化减少农民人均收入330元，重度土地退化比轻度土地退化对农民的人均收入减少更明显，要多277元。由于土地退化更多的发生在西部，所以土地退化对贫困的影响更多地集中在西部。

那么，这个330元到底有多大影响呢？

### 4.3.1 对我国西部土地退化县的总体影响

我们先对土地退化县的1999年人均收入进行分组。详细见表4-17。

表 4-17　1999 年我国西部土地退化县平均农民人均收入分组表

| 人均收入区间（元） | 县个数 | 1999 年农业总人口（万人） | 占全部农业人口比例（%） | 累计比例（%） |
|---|---|---|---|---|
| 800（含）以下 | 15 | 293 | 8.66 | 8.66 |
| 800～1000 | 13 | 332 | 9.81 | 18.47 |
| 1000～1100 | 12 | 270 | 7.98 | 26.46 |
| 1100～1200 | 8 | 192 | 5.68 | 32.13 |
| 1200～1400 | 14 | 267 | 7.89 | 40.02 |
| 1400～1600 | 22 | 509 | 15.05 | 55.07 |
| 1600～1800 | 16 | 217 | 6.41 | 61.48 |
| 1800～2000 | 19 | 247 | 7.30 | 68.79 |
| 2000～2200 | 17 | 242 | 7.15 | 75.94 |
| 2200～2400 | 13 | 195 | 5.76 | 81.70 |

续表

| 人均收入<br>区间（元） | 县个数 | 1999 年农业<br>总人口（万人） | 占全部农业<br>人口比例（%） | 累计比例<br>（%） |
|---|---|---|---|---|
| 2400～2600 | 16 | 150 | 4.43 | 86.14 |
| 2600～2900 | 16 | 203 | 6.00 | 92.14 |
| 2900～3200 | 7 | 104 | 3.07 | 95.21 |
| 3200～3500 | 5 | 46 | 1.36 | 96.57 |
| 3500 以上 | 13 | 116 | 3.43 | 100.00 |
| 总　　计 | 206 | 3383 | 100.00 | |

注：1. 由于缺乏西藏数据，本表不包括西藏自治区。

　　2. 累计比例为在此收入下的总比例。

资料来源：中国农业银行统计年鉴 2000。

我国 1999 年国定贫困县的平均农民人均收入为 1427 元，西部土地退化县农民平均人均收入在区间（997 元，1427 元）之间的县为 36 个，占 206 个贫困县的 17.5%；它们的农民总人口是 394 万人。占西部退化土地县农民总人口的 11.65%。换句话说，如果没有土地退化，这些县的农民人均平均收入就会超过 1999 年国定贫困县的平均水平。从表 17 中我们还可以看到，农民人均收入低于 1427 元的县为 80 个左右，人口占所有土地退化人口的 50% 左右，通过土地退化治理，将会使 80 个县的 1600 多万人口里的贫困现象大大缓解。

## 4.3.2　对我国土地退化贫困县人群影响

下面我们就人均收入构成做分析。我们以陕西为例来阐述：人口按收入分布比例采用国家扶贫办资料中 1994 年人均收入低于 300 元和 500 元比例。对应于 500 元的人口比例为 B，我们假定到 1999 年，人口比例为 B 的人的人均收入处于 500 元加 1999 年与 1994 年之差（扣除价格因素后）的和以下。具体见表 4-18 和处理后的表 4-19。

表 4-18　陕西土地退化贫困县的人口比例分收入构成（1994 年）

| 县　名 | 500 元以下人口百分比（%） | 300 元以下人口百分比（%） | 1999 年与 1994 年农民人均平均收入之差 |
|---|---|---|---|
| 吴　旗 | 9.2 | 5.2 | 622 |
| 榆　林 | 7.8 | 5.6 | 791 |
| 神　木 | 13.8 | 6.1 | 346 |
| 府　谷 | 5.6 | 1.6 | 254 |
| 横　山 | 16.2 | 3.2 | 128 |
| 靖　边 | 16.5 | 7.1 | 582 |
| 定　边 | 13.5 | 6.4 | 475 |
| 绥　德 | 8.3 | 3.7 | 545 |
| 米　脂 | 3.7 | 2.4 | 113 |
| 佳　县 | 19 | 8 | 180 |
| 清　涧 | 15.2 | 5.1 | 187 |
| 子　洲 | 24.3 | 8.3 | 181 |

资料来源：《国家扶贫办资料汇编》。

表 4-19　陕西土地退化贫困县的人口比例分收入构成（1999 年）

| 县　名 | 人口百分比（%） | 500 元加 1999 年与 1994 年人均收入之差 | 人口百分比（%） | 300 元加 1999 年与 1994 年人均收入之差 |
|---|---|---|---|---|
| 吴　旗 | 9.2 | 1122 | 5.2 | 922 |
| 榆　林 | 7.8 | 1291 | 5.6 | 1091 |
| 神　木 | 13.8 | 846 | 6.1 | 646 |
| 府　谷 | 5.6 | 754 | 1.6 | 554 |
| 横　山 | 16.2 | 628 | 3.2 | 428 |
| 靖　边 | 16.5 | 1082 | 7.1 | 882 |
| 定　边 | 13.5 | 975 | 6.4 | 775 |
| 绥　德 | 8.3 | 1045 | 3.7 | 845 |
| 米　脂 | 3.7 | 613 | 2.4 | 413 |
| 佳　县 | 19 | 680 | 8 | 480 |
| 清　涧 | 15.2 | 687 | 5.1 | 487 |
| 子　洲 | 24.3 | 681 | 8.3 | 481 |

我们把人均收入处于（295 元，625 元）区间定义为"土地退化脱贫区间"，对于这个区间的人群来说，增加 330 元会使得他们脱贫，因为 1999 年国家贫困标准为 625 元/人。下面我们来分析陕西土地退化贫困县的人均收入处于（295 元，625 元）区间的人群分布，运用内插法，我们可以得出人均收入在 625 元和 295 元以下的人口比例。它们的差值为区间（295 元，625 元）的人群比例（见表 4-20）。

表 4-20　陕西土地退化贫困县人口比例按人均收入分布表

| | 1999 年人口（万） | 收入低于 625 元人口比例（%） | 收入低于 295 元人口比例（%） | 人均收入介于（295，625）人口比例（%） | 人均收入介于（295，625）人口（万） | 人均收入低于 625 元人口（万） | 区间（295，625）占 625 元以下人口比例（%） |
|---|---|---|---|---|---|---|---|
| 吴 旗 | 12 | 3.51 | 1.66 | 1.85 | 0.22 | 0.42 | 52.38 |
| 榆 林 | 42.3 | 3.21 | 1.51 | 1.7 | 0.72 | 1.36 | 52.96 |
| 神 木 | 35.7 | 5.29 | 2.79 | 2.5 | 0.89 | 1.89 | 47.26 |
| 府 谷 | 20.4 | 3.02 | 0.85 | 2.17 | 0.44 | 0.62 | 71.85 |
| 横 山 | 31.5 | 16.01 | 2.21 | 13.8 | 4.35 | 5.04 | 86.20 |
| 靖 边 | 27.4 | 5.03 | 2.37 | 2.66 | 0.73 | 1.38 | 52.88 |
| 定 边 | 29.8 | 5.16 | 2.44 | 2.72 | 0.81 | 1.54 | 52.71 |
| 绥 德 | 35 | 2.74 | 1.29 | 1.45 | 0.51 | 0.96 | 52.92 |
| 米 脂 | 22.2 | 3.78 | 1.71 | 2.07 | 0.46 | 0.84 | 54.76 |
| 佳 县 | 25.3 | 15.98 | 4.92 | 11.06 | 2.80 | 4.04 | 69.21 |
| 清 涧 | 21.2 | 12.07 | 3.09 | 8.98 | 1.90 | 2.56 | 74.40 |
| 子 洲 | 30.8 | 19.82 | 5.09 | 14.73 | 4.54 | 6.10 | 74.32 |
| 合 计 | 333.6 | 0.080 | 0.025 | 0.055 | 18.37 | 26.75 | 68.67 |

从表 4-20 我们可知，对于陕西发生土地退化的县，"土地退化脱贫区间"（295 元，625 元）的人口为 18.37 万，占总人口的

5.5％，如果把土地退化造成的 330 元/人损失加上的话，可以使
68.9％的土地退化县贫困人口脱贫，贫困发生率减少 5.5 个百分点。

　　按照上述方法，我们得出西部土地退化贫困县的人均收入介
于（295 元，625 元）的人口比例，如下表所示：

表 4-21　我国西部土地退化省区土地退化

贫困县按人均收入人口比例分布表

| 省　区 | 个数 | 1999 年总人口 | 收入介于 295～625 元 | |
| --- | --- | --- | --- | --- |
| — | — | — | 人数（万人） | 占总人口比例（％） |
| 内蒙古 | 27 | 665.2 | 25.41 | 3.82 |
| 甘　肃 | 11 | 435.1 | 42.12 | 9.68 |
| 陕　西 | 12 | 333.6 | 18.38 | 5.51 |
| 青　海 | 3 | 49.9 | 5.83 | 11.68 |
| 宁　夏 | 4 | 139.8 | 19.33 | 13.83 |
| 新　疆 | 25 | 412.7 | 25.50 | 6.18 |
| 总　计 | 82 | 2036.3 | 136.58 | 6.71 |

　　上表说明，通过土地退化治理，西部 6 省区的 82 个贫困县将
有 136.58 万人口脱贫，占这些县人口的 6.71％，也就是说这些县
的贫困发生率会下降 6～7 个百分点。

# 第 5 章　土地退化治理与缓贫分析

## 5.1　土地退化可防治的理论分析

土地作为人类社会可持续发展的基础，它是由以下一些特性所决定的。

### 5.1.1　土地的承载力具有可再生性

土地的承载力对来自外部的冲击有一定的应对能力，只要对土地承载力的利用不超过它的自调节能力的阈值，土地的承载力具有可再生性。这是人类社会可持续发展的基础。为了维护这种可再生性，必须采取土地保护措施。

人口承载力的研究已有近 400 年的历史。20 世纪中叶以来，随着人口、资源、环境关系的日益紧张，这项研究受到普遍的重视。所谓人口承载力，是指在不损害生物圈或不耗尽可合理利用的不可更新资源的条件下，长期稳定供养的人口大小。

Cohen（科恩）在 1996 年出版的专著《地球能养活多少人》中，对近 400 年来有关地球承载力的研究进行了总结。1679 年，Leeuwen Hoek（列文霍克）指出，若世界上人类可居住地区都达到当时荷兰每平方千米 120 人的人口密度（他认为这是人口密度的最高极限值），地球能养活的最高人口数为 134 亿人，这可能是有关地球承载力的第一个估计值。1695 年，英国的 Gregory King估计"人类充分居住的地球"最多能维持 125 亿人。1891 年，英国的 E. G. Ravenstein 计算出的最高人口数为 59.94 亿人。1967 年，澳大利亚经济学家 Colin Clark 估计地球能养活 1570 亿人。1974 年和 1976 年，Roger Revelle 得出的两个估计数分别为 380 亿～480 亿人和 400 亿人。他的乐观是基于发展中国家谷物产量增加和大规模灌溉投资的假设。1983 年，联合国粮农组织和国际实用系统分析研究所根据土壤类型、耕作期长短和生产体系，以及技术、能源、资本和基础设施的投入水平作了不同的估计。其结论是到 2000 年，在不包括中国在内的发展中国家，低投入下能养活 56 亿人，高投入下能养活 334 亿人。

中国对人口容量的系统研究始于 20 世纪 80 年代，中国科学院"中国土地资源生产能力及人口承载力研究"课题组应用区域资源系统生产力方法，计算出中国粮食最大可能生产能力为 8.3 亿吨，以人均 500 千克和 550 千克计，最大承载力为 16.6 亿和 15.1 亿人口。以现在消费水平（约 400 千克）计，可承载人口 20.75 亿人。

学者们采用的方法有较大的不同。有的根据最稀缺资源如淡水、土地等计算中国可以承载的人口；有的考虑综合国力、生活水平、经济增长、资源分配、环境保护等因素，有的建立了考虑各种因素相互作用的数学模型，有些学者利用过去许多地区发展的经验数据来估计人口承载力。其实，人口承载力不是一个定数，估计人类承载力的价值在于启发人们的认识和指导人们的行动。

### 5.1.2 土地的承载力具有可修复性

由于缺乏合理利用生态环境承载力的知识、技术和政策、机制，现实中的一些失当的土地利用方式，会削弱土地的承载力。然而，土地的承载力具有一定的可修复性，只要这种负面影响不超过它的可修复的阈值，这类措施造成的负面影响是可以消除掉的。为了及时纠正各种过度利用土地，如毁林开荒、围湖造田等行为造成的偏差，必须尽快采取生态修复措施。

土地承载力的可修复性可借助于环境库兹涅茨曲线①来解释。环境库兹涅茨曲线的含义是：在经济增长、产业结构和技术结构演进的过程中，资源与环境问题先出现逐步加剧的特征，然后再逐渐减少直至消失。也就是说，经济发展和资源、环境的关系的变化将从互竞互斥走向互补互适。这种关系类似于库茨涅兹考察的经济增长与收入分配之间的关系，所以学者们把描述经济发展与资源、环境变化关系的曲线称为环境库兹涅茨曲线（如图 5-1 所示）。需要指出的是，经济增长与资源、环境之间的关系并非一定由互竞互斥走向互补互适。从图 5-1 可以看出，环境恶化被控制

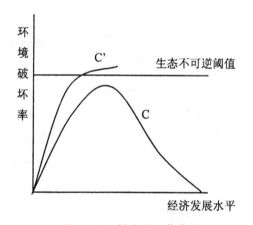

**图 5-1　环境库兹涅茨曲线**
(Figure1 The Environmental Kuznets Curve)

① Kuznets（库兹涅茨），美国著名经济学家，他通过对世界各国经济增长结果的分析，于 20 世纪 50 年代提出在经济发展过程中，收入差距有先扩大后缩小的趋势的假说，这种呈倒 U 形变化的曲线被称为库兹涅茨曲线。环境经济学家认为，在经济发展过程中环境也有先恶化后改善的趋势，据此提出了环境库兹涅茨曲线的假说。

在环境不可逆阈值内，如图中的曲线 C，经济增长与环境问题之间才表现为"倒 U"型曲线关系，若环境恶化超越环境不可逆阈值，如图中的曲线 C'，这种"倒 U"型曲线关系就不存在了。

"环境库兹涅茨曲线"的假定已被一些经验统计数据所证实。目前，发达国家的环境污染已经趋于下降，环境质量已好于 20 世纪六七十年代；发展中国家的污染仍在上升，与六七十年代相比，环境质量趋于恶化；新兴工业化国家的环境污染状况处于转折阶段。这些现象支持了环境污染与经济发展之间呈倒 U 型曲线关系的假定。

### 5.1.3 土地的承载力具有递增性

土地的承载力不是固定不变的。从某种意义上讲，人类社会的发展过程，就是通过生态环境承载力的开发和资源利用结构的提升不断提高生态环境承载力的过程。这是乐观派认为世界无极限的主要依据。土地的承载力的递增，需要采取一系列相互协调的措施，包括挖掘和提升土地承载力的技术措施、增加土地承载力的建设措施，以及与之配套的激励政策和机制，涵盖技术进步、价格机制和法律、法规等诸多方面。

社会伊始，人类是以渔猎和采集为生的。无论是渔猎动物还是采集植物果实，均依赖于大自然的恩赐。渔猎和采集要以大量的自然资源储备为基础，它的土地平均承载力极为低下。据估计，这一时期土地的平均承载力仅为 0.02～0.03 人/km²，更为详细的估计是：在冬季也很温暖、物产丰饶的地区，每平方英里（相当于 2.59km²）也只能养活 1～2 名食物采集者；在气候寒冷的地方，在热带丛林区或沙漠地带，养活一名食物采集者需要 20～30 平方英里的地盘。随着人口的增长，这种生活方式变得越来越难以为继了。人类不得不改变立即食用所捕获的动物或所采集的果实的习惯,开始饲养它们或种植它们,由此形成了原始农业。这一变化,使土地的平均承载力上升到 0.5~2.7 人/km²,提高了25~90 倍。

在原始农业阶段,种植业和养殖业相互独立,它们各自完成自己的物质循环和能量转换。此时的种植业和养殖业均不能在固定的地块上持续生产,不得不采用轮耕制和游牧制,以解决地力恢复的问题。由于大量土地处于休闲状态,土地的平均承载力仍然很低。随着人口的继续增长和消费水平的提高,原始农业越来越难以为继了。为了克服所面临的困境,人类完成了将两个相互独立的循环整合成一个循环的技术创新,即利用种植业的"废弃物"作为养殖业的饲料,利用养殖业的"废弃物"作为种植业的肥料,实现了农业在固定地块上的持续生产,由此形成了传统农业。这一变化,使土地的平均承载力上升到40 人/km²,又提高了14.8~80 倍。

传统农业完全依赖于有机物质的循环,土地产出受到耕作层土壤中有机养分有限和作物生长发育受自然干扰大的双重制约,土地的平均承载力仍然不可能很高。随着人口的继续增长和消费水平的继续提高,传统农业也越来越难以为继了。为了克服所面临的困境,人类完成了将有机循环与无机循环整合在一起的技术创新,由此形成了现代农业。这一变化使土地的平均承载力上升到 160 人/km²,又提高了 4 倍。

现代农业的基本特点是通过外部的能量投入获取更高的农产品产量。捷克所做的一项为期 10 年的试验结果表明,农产品每增加 1%,能源消耗增加 2.5%。美国的情形也是如此,近 40 年来投入农业的能源增长了近 80 倍,目前农业的石油年消费量超过 6000 万吨,钢材 800 万吨,橡胶 16 万吨,因而有人将这种农业称之为石油农业。

速速发展的产物,又有不同于其他农业类型的特征。原始农业和传统农业旨在逼近可达到的增长极限，而现代农业旨在形成突破极限制约的能力。这种能力具有两重性：一方面它解决了农产品短缺对经济增长的制约，另一方面，农产品的过快增长造成了农产品剩余，并对生态环境施加了一系列负面影响，如过量使用化肥造成的水体富营养化，过量使用农药造成土壤中有毒元素的增加，过量使用塑料薄膜造成土地中含有大量不易溶解的化学物质，以及农产品中的有害物质超标，等等。

为了消除这些负面影响，人类进行了将生产循环与生态循环有机统一起来的技术创新，由此形成了生态农业。所谓生态农业，就是通过可再生资源对不可再生资源的替代，低物级（能级）资源对高物级（能级）资源的替代，实现经济再生产与生态再生产的统一。进入生态农业发展阶段后，原先按平均生产率由高到低顺序进入的边际土地开始由低到高反序退出，它的具体表现形式是退耕还林还草等。耕地的平均质量变得越来越好，土地休耕现象再次出现，但此时的休耕不再是为了解决地力恢复问题，而是为了限制农产品产量、保存资源生产潜力和保护生态环境。

## 5.2 土地退化防治的技术、组织制度供给

### 5.2.1 土地退化防治的技术

退化土地治理一般有如下几种技术，一种是防护退化土地的，如生态移民、调整产业结构、植物固定流沙技术、干旱绿洲防护林技术、干旱半干旱地区径流造林技术、流动沙地飞播造林种草技术、铁路及公路防沙技术。另外一种是治理退化土地的，如退耕还林还草、植树种草和小流域治理。

## 1. 退耕还林还草

退耕还林还草工程是指把一些不适合耕作的坡地，边际地，和效益差的耕地实行退耕，种上林地或草地，从而达到改善环境，防治土地退化的目的。它的经济学意义在于：

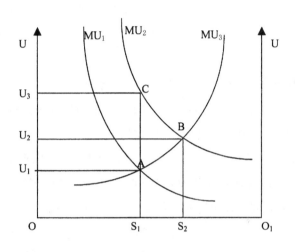

**图 5-2**

首先，假定一块地，面积为 S，不作林地就作耕（草）地。效用最大化的结果是林（草）地的边际效用等于耕地的边际效用。但这里有一个问题就是由于林（草）地的公共物品性质导致一个福利损失。对林（草）地的边际效用来说，它是各个从林（草）地获益个体的边际效用的加总。

下面我们来分析退耕还林（草）的经济学意义，如上图，横坐标为面积，纵坐标为效用。$MU_1$ 为林地对农民的边际效用函数，它是一条向下弯曲的曲线，符合边际效用递减的原则。$MU_3$ 为耕地对农民的边际效用函数，同理它也是一条向下弯曲的曲线。它们的交点 A 点是耕地边际效用与林地边际效用相等的点。这时林地的面积是 $OS_1$，耕地面积是 $O_1S_1$，效用为 $U_1$；此时农民的效用达到最大化，每增加或减少一单位面积的耕地都会使总效用减少。

由于林（草）地具有外部性，即增加一单位面积的林地不仅对林地所有者增加效用，同时它还会给非林地所有者带来效用。因此林地的社会边际效用函数要比对农民的边际效用函数要大。而耕地与林（草）地相比，它很少具有外部性，所以耕地的社会边际效用函数与农民效用函数重合。在图上反映为林地社会边际效用曲线是农民边际效用曲线往右上方移动，即 $MU_2$ 曲线，它与 $MU_3$ 曲线相交于 B 点，这时林地的面积是 $OS_2$，耕地面积是 $O_1S_2$，效用为 $U_2$。此时整个社会的效用达到最大化，每增加或减少一单位面积的耕地都会使总效用减少。

如果让农民自己对资源自主配置，效用最大化的结果是农民选择 A 点，即选择林地的面积是 $OS_1$，耕地面积是 $O_1S$。而 $OS_1$ 面积的林地对应的社会边际效用是 $U_3$，$O_1S_1$ 面积的耕地对应的边际效用是 $U_1$，$U_3$ 要大于 $U_1$，说明增加一单位面积的林地所增加的社会总效用要大于减少一单位面积耕地所减少的社会总效用，这意味着此时存在社会总效用损失，损失总量为 ABC 这个弧三边形的面积。

由于森林的外部性使得农民效用最大化时的资源配置导致社会效用损失，这需要政府政策来干预。一般有两种，一种是政府管制，保护森林的天然林保护工程，以及减少耕地的退耕还林（草）的政策。

现在实行退耕还林（草）政策，林地对农民的边际效用相应增加，林地对农民的边际效用函数曲线向右上方移动。假定国家的退耕还林政策使得农民效用函数曲线与社会效用函数曲线重合。我们对比 A，B 两点，可以看到耕地面积减少了 $S_1S_2$，林地面积增加了 $S_1S_2$；说明退耕还林可以提高林地面积。而且每单位面积土地边际效用也上升了 $U_1U_2$，说明适当的退耕还林补贴可以保护林地，提高社会总效用并使社会总效用最大化。

### 2. 生态移民

由于引起土地退化的一个原因是人口密度大，人均可利用土地资源占有量少，而当地的农民收入主要靠依托土地资源。为防治土地退化，另一个办法是生态移民，即把由于人口密度大而导致的退化土地区域的部分人口迁移到一些资源禀赋较多，二、三产业较发达，农民收入不完全依靠自然和环境资源的区域。一方面缓解土地退化区域的人口压力，另一方面也不会造成迁入地的生态环境恶化。

### 3. 小流域治理

小流域是一个包括许多自然、经济、社会因子的高层次、多因子、多干扰和多变量的开放式小单元。所谓的小流域治理，是在一个集水区域范围内，在全面规划的基础上，合理安排农林牧副业用地，因地制宜，因害设防，布置各种水保措施。

它可分四个层次，

第一层次在流域的梁峁、塬面修筑梯田，实施保土保水保肥耕作措施；

第二层次在陡坡地上种植各类适宜的林草，控制水土流失；

第三个层次在沟川修筑顺水河坝和格坝，拦蓄泥沙，淤滩种田；

第四层次是在沟底有条件的地方修筑谷坊或淤地坝，这是最后一道防线，应提高质量，高标准控制沟道洪水。

小流域综合治理目的在于通过多种措施、产业调整、投资分配和土地优化利用等途径来协调人类社会的各种活动与流域生态系统的关系，以建立一个稳定、持久、高效的生态、经济和社会复合系统。在空间和时间上：以社会需求为动力，通过投入产出渠道，运用科学技术手段有机地结合在一起，构成一个完整的生态经济系统。

小流域综合治理以提高经济效益为重点，以防治土壤侵蚀、改善自然环境、保障农业生产的持续、高产、稳产为目的，加快植被建设，合理地运用生物土壤技术，因地制宜，趋利避害。

### 5.2.2　土地退化防治的组织制度供给

土地退化防治按照防治主体划分为政府治理模式、社区治理模式和农户治理模式。按照退化防治的组织又可划分为合作治理模式、股份合作模式、企业治理模式。

政府治理模式是指国家相关职能部门按照政府提供公共物品的要求，运用国家财政等手段对土地退化区域进行治理，以及防护未退化的土地。一般来说，政府治理模式主要面对的是经济效益差，个人和企业很少愿意投资去治理土地退化的项目；以及一些需要大量资金，个人和企业由于财力限制而不能进入的较大的项目。如计划耗时 73 年、涉及 13 个省（区、市）的 590 个县（旗、市、区）的"三北"防护林工程，以及经济效益较差，主要为社会效益的京、津风沙源治理工程。

由于国家的财力和物力有限，对于一些外部性主要局限在一个社区或外部性很小的项目，如小流域治理，农田水利建设。社区治理和农户治理模式就可以发挥它们的优势，一方面，它们的决策成本低，防治措施直接，效果也较明显；最重要的是，一般来说这些项目的经济效益都不错。

合作治理模式、股份合作模式、企业治理模式是三种合作防治土地退化的模式，它们在组织分工上越来越明确。企业治理模式在这三种模式中是最符合市场经济的组织模式。这种模式的权责明确，分工细致，是今后发展的方向。

## 5.3　退化土地治理与经济发展、脱贫的理论和实践

### 5.3.1　土地退化治理对贫困的影响

#### 1. 土地退化防治对于缓贫的贡献

从社会角度考察，土地退化防治会在以下四个方面对缓解贫困做出贡献：

（1）提高或稳定贫困地区的农产品产量，增加农民的收入。在贫困地区，土地退化是造成农产品产量下降的因素之一。通过采取土地退化防治措施，能有效地降低水土流失对农产品产量的负面影响，从而间接地提高或稳定了土地的投入产出比率。随着农产品产量的稳定和提高，农民的收入会相应地增加。

（2）改善贫困地区的农业生产条件。土地退化防治，不仅减少了水土流失和泥沙淤积引起的土地数量的减少和质量的下降，减轻了洪涝和旱灾等自然灾害发生的频次和强度，而且提高了土地的质量，改善了贫困地区的生产条件，使贫困农民有能力稳定地越过温饱水平，有条件对土地实行可持续经营。

（3）改善贫困群体的生活条件。土地退化防治中采取的工程措施和生物措施具有保持水土、防风固沙、涵养水源等功能。这些功能不仅产生了减少水土流失、减少沙尘暴发生的次数和强度的效应，而且还产生了改善贫困地区生态景观、优化农民的生存空间和生活环境的效应。

（4）改善贫困地区的发展环境。土地退化防治除了改善贫困地区农民生产和生活环境外，还改善了贫困地区的发展环境。由此引起的外部要素特别是资本的流入，会使农民从事非农就业进

而获得非农收入机会的增多，从而为缓解贫困做出了间接的贡献。

## 2. 改进的水土资源管理方式对于农村家庭的影响

农业是一个对土地依赖极大的产业。在农户收入主要依赖于农业的贫困地区，土地退化对农业生产的负面影响，是造成农户脆弱性的重要原因，而水土流失又是土地退化的主要原因，所以，这类地区应该把治理水土流失作为降低农户脆弱性的重要途径。

水土流失治理有很多目标。例如，在量级上可分为农户目标、社区目标、地区目标和国家目标，从主体上可分为农户目标、官员目标和研究人员目标等。为了最大限度地降低农户的脆弱性，在诸目标中应优先立足于农户目标。在农户目标中，首先要强调农户生产结果稳定性目标，其次是农户生产条件改善目标，再次是贫困社区生态环境改善目标。

一般来说，在适宜的制度安排下，农户会主动选择有利的、可持续的生计。所以，向农户提供有利的、可持续的生计的关键，是设计一套适宜的制度安排。在这套制度安排下，农户对其从事水土流失治理活动有稳定的预期，找不到靠免费搭车（free ride）分享他人治理水土流失的成果的机会，更找不到靠成本外部化来降低个人成本的机会。这套制度安排的主要内容是：在合理分配和明确界定退化土地产权的基础上，明确宣布今后不再用行政手段进行退化土地产权的公平分配；在发育土地市场的基础上，用经济办法诱导退化土地使用权的流动，为水土流失治理的适度规模经营创造条件；用法律的办法规范企业和农户利用水土资源的行为，并通过制定和实施相应的规则，对那些向社会或社区提供正外部效益的企业或农户给予补偿，对那些向社会或社区造成负外部效益的企业或农户进行惩罚。此外，还要规定政府在水土资源管理和提供公共品方面必须承担的责任。

3. 土地使用者进行土地管理改进投入，对其使用权"安全性"的反应

前些年开展的"四荒"拍卖中，有很多农户参与竞标，这说明多数农户愿意通过付出一定数量的资金获得退化土地的经营权。根据多数农户竞争退化土地经营权的事实，可以做出土地经营权拥有者认为向退化土地投资是安全的判断。

然而，农民向退化土地治理投资的安全感又是不充分的。现在尚存的问题是：虽然农民得到了退化土地的经营权，以及退化土地经营权的继承权和转让权，但还没有得到所有产品的处置权。更直截了当地说，农民尚未得到采伐和销售木材的权利。对此，农民采取的应对措施是多造经济林而少造不造用材林。如何处理好农民处置产品的权利和政府管理森林的责任的关系，仍是一个亟待解决的问题。

4. 社会变革对土地退化防治的影响

当前，中国正处于经济转型时期。转型时期发生的一系列变革，对退化土地治理产生了多方面的影响。

（1）就业管制放松，尤其是户籍制度改革的影响。在计划经济时期对农民实行的是户籍和就业双重管制，农民既不能进城，也不能从事非农产业。改革伊始，政府放弃了对农民的就业管制，20 世纪末又逐步放弃了户籍管制。随着转向非农产业和离开农村的人数越来越多，依赖耕种为生的人口越来越少，那些地力贫瘠、投入产出低的边际耕地将会退出耕作而转为林地或牧草地，由于后两种土地利用方式对土壤的破坏远远小于前者，所以它们产生了减缓土地退化的效应。

（2）兼业农户越来越多的影响。兼业农户不断增多，农户达到农业收入比重不断下降、非农收入比重不断上升，是改革以来

的 20 多年里中国农村发生的较为显著的一个变化。这种变化对退化土地防治至少带来了两方面的好处：农业比较收益的下降会使农户放弃边际耕地上的农业生产；总收入和生活水平的不断提高，则使农民将有能力为改善自己的生活环境而投资于退化土地治理；此外，社会对农产品质量要求的不断提高，有可能诱发出对退化土地进行综合防治的行为。

（3）变更社会地位的渠道增多的影响。民众选择对某些人变更社会地位的影响越来越大，是近些年来发生的一个较为重大的社会变革。而要想通过民众的认同来提高自己的社会地位，必须做民众认同的事情。为了达到这一目标，一些从事非农产业率先致富的农民，会把投资退化土地治理，改变家乡面貌当作一项事业来做。他们投资退化土地治理的初衷是提升自己的威望和名声、获取更高的社会地位，甚至包括经济回报，但这些活动毕竟还产生了回报社会、回报乡亲和治理水土流失的效应。所以，这是一种具有"双赢"特征因而值得提倡的做法。

（4）市场机制诱导资源流动的影响。随着市场取向的改革的不断深化，市场机制对资源流动的作用越来越大了。在市场机制的作用下，近几年出现了企业和城市职工参与"四荒"拍卖并投资退化土地治理的情形。

可以肯定，随着经济总规模和居民收入的不断提高，会有越来越多的企业和个人把退化土地的可持续利用作为投资机会。伴随着社会的发展和人们的环境意识的不断提高，会有越来越多的企业和个人愿意未退化土地防治贡献劳力、物力和智力。

## 5.3.2 土地退化治理的实践

我国土地退化防治近年来取得了很大的成绩，到 2002 年，四大林业重点工程（退耕还林还草工程、三北防护林工程、京、津风沙源治理工程和天然林保护工程）共完成造林面积 666.32 万公顷，占全国造林总面积的 87.15％，其中人工造林 585.37 万公顷，飞播造林 80.95 万公顷①。估计脱贫人口为 13 万左右。我国共治理沙化土地面积占全部面积的 10％左右，部分缓解了我国土地退化和环境恶化的趋势。同时，它还缓解了贫困，促进了经济发展。

不同尺度、不同地域和不同类型的土地退化治理，所采取的方式不同，下面讲的是在不同尺度上我国土地退化防治较为成功的几种模式：

## 1. 区域治理

### （1）模式一：建设防护林体系

朝阳市位于辽宁省西部，地处科尔沁沙地南缘，风沙危害严重。20 世纪 50 年代，全市仅有残次林 7.3 万公顷，森林覆盖率为 3.9％。紧靠科尔沁沙漠边缘的建平、北票、朝阳三县（市）的 27 个乡镇，受风沙危害面积就有 42.7 万多公顷。由于风沙肆虐，土地贫瘠，粮食产量长期低而不稳，平均粮食亩产 130 千克，人均收入仅有几十元，"四料"（燃料、饲料、肥料、木料）奇缺，人民生活贫困，吃粮靠返销，花钱靠救济。

从 20 世纪 60 年代起，开始进行大规模植树造林，经过 20 年的建设，全市共建成防护林 69 万公顷，森林覆盖率由 3.9％增加到 33.4％，基本形成了多林种、多树种、乔灌草结合的区域性防护林体系。全市 80％的荒山秃岭得到治理，北部 300 多千米的风沙线上的风沙危害基本得到控制。由于植被增加，水循环向良性转化，局部地区降雨频率和降雨量增加，土壤含水量比 1978 年以前平均增长 6％～8％。

农业生产条件改善，单位面积产量增加，农民收入提高。如

---

① 资料来源：《国家林业总局文件公告》，国家林业局网。

昔日地处风沙前沿的建平县，在 20 世纪 60 年代平均粮食亩产不足 100 千克，年年要吃返销粮，现在亩产高达 400 多千克。这个县有个罗福沟乡，过去一片荒山秃岭，平均每年吃国家返销粮 80 万千克，花国家救济 70 多万元，先后有 282 户 1400 多口人被迫移到外地，自防护林体系工程建设以来，全乡大力营造防护林，造林 1 万公顷，森林覆盖率达到 50％以上，人均产粮近 1000 千克，人均收入达到 1364 元，昔日的移民又返回故乡。

改革开放前，朝阳市开展防护林体系建设靠的是政府行为。进入 20 世纪 90 年代以来，开始通过利益驱动，激励广大干部群众治理开发山区、沙区，主动投身林业建设。为使治沙造林工作深入持久地开展下去，普遍实行了义务工和劳动积累工"两工"制度，并明确规定，沙区的劳动积累工可以高于其他地区。另外，在行政、企事业单位中，实行部门治沙造林分工负责制，落实部门造林任务[①]

(2) 模式二：退耕还林还草

乌兰察布市（以下简称"乌市"）位于内蒙古自治区中部，全市国土总面积 5.5 万平方千米，辖 2 市 4 旗 5 县，212 个乡镇苏木，总人口 274 万，其中农业人口为 214 万。1994 年，国家"八七扶贫攻坚计划"启动时，全市粮食平均单产不足 700 千克/公顷（亩产 43 千克），人均占有粮食不足 250 千克；农牧民人均纯收入 745 元；全市 11 个旗县市中有 6 个国家级贫困县、3 个自治区级贫困县，66 万多贫困人口，占农业人口的 31％。

乌市在历史上曾经是草肥水美的草原，以牧业生产为主。由于人口增加、气候变迁、政策误导和不合理的生产方式，这里逐渐演变成以耕作为主的农牧交错区，土地退化日益严重，全市 1994 年森林覆盖率仅为 6.8％，水土流失和风蚀沙化面积占国土

---

① 资料来源：王春裕《中国土地退化防治研究》，地质出版社 1995 年版。

总面积的 90％，160 万公顷耕地中 54 万公顷重度风蚀沙化，占耕地总面积的 33.8％，343 万公顷天然草牧场有 170 万公顷沙化退化严重，占天然草牧场总面积的 49.5％。土地退化最为严重的后山 6 个旗县的 82 个苏木，已经到了沙进人退、居民被迫举家外迁的地步。

1994 年，乌市开始实施生态建设、扶贫开发和农业结构调整为主要内容的"进一退二还三"战略。其基本内涵是：每建设一亩水旱高效标准农田，退下二亩旱坡薄地，还林还草还牧。这项措施实施之后，取得了巨大的经济和生态效益。

乌市实施退耕还林还草以后，到 2000 年，粮食种植面积减少一半，由原来的 2400 万亩减少到 1200 万亩的情况下，产量翻了一番，人均粮食 500 多千克；畜牧业年均饲养量以 10％的速度递增，农牧民人均收入达到 2003 元。原有的 6 个国家级贫困县实现整体脱贫（见表 5-1）。

表 5-1  乌市 6 个国家级贫困县农牧民人均粮食和收入状况

| 县　名 | 1994 年人均粮食（千克） | 2000 年人均粮食（千克） | 粮食年递增幅度（％） | 1994 年人均纯收入（元） | 2000 人均纯收入（元） | 收入年递增幅度（％） |
|---|---|---|---|---|---|---|
| 化德县 | 156.2 | 554.2 | 42.5 | 499 | 1664 | 38.9 |
| 商都县 | 178.5 | 500.3 | 30.0 | 775 | 2101 | 28.5 |
| 哈尔右翼前旗 | 287.9 | 546.8 | 15.0 | 699 | 1977 | 30.5 |
| 哈尔右翼中旗 | 366.3 | 745.0 | 17.2 | 740 | 2101 | 30.7 |
| 哈尔右翼后旗 | 175.8 | 533.2 | 33.9 | 632 | 1861 | 32.4 |
| 四子王旗 | 244.6 | 642.9 | 27.1 | 817 | 2032 | 24.8 |

资料来源：新华社 2002 年 6 月 21 日中国青年报绿网。

到 2000 年，全市已累计退耕种树种草 80 万公顷，保存面积

60 万公顷，其中 46.7 万公顷产草见效；宜林"三荒"及小流域治理种树种草约 44 万公顷，完成人工造林 52.7 万公顷，森林覆盖率达到 8.4%，林草覆盖率由 1994 年的 20% 提高到 2000 年 40%。据粗略估算，仅乌市退耕种树种草，每年至少可减少 1200 万吨的土壤粉尘进入大气。据乌市当地的科研单位测定，所种植的 4 年生的柠条林，减少了地表径流 73%，减少土壤冲刷量 80%；20 度的坡地种植苜蓿，比相同坡度的耕地减少径流量 88.4%，减少冲刷量 97.4%。

乌市的经验是从本地实际出发，以选择适宜的林草种类为中心，采用了成本较低、农户易接受、适合农业结构调整方向的技术方案，保障了土地退化治理的顺利进行[①]。

2. 县级治理

(1) 模式三：种植灌木林，发展畜牧业

地处汾河水库上游晋西北高地的山西省岚县，是国家级贫困县，恶劣的气候条件和严重的水土流失使粮食产量低而不稳，农民生活极为贫困，1994 年，人均纯收入仅为 556 元。

1995 年后，通过大量种植柠条，发展畜牧业，不仅减少了水土流失，也增加了农民收入。种植柠条增加了植被覆盖度，有效地抑制了水土流失造成的土地退化。目前，全县种植柠条 12 万亩，林木覆盖率达到 26.8%，年减少泥沙流失 30 万立方米。

1999 年，全县人均纯收入达到 1060 元，其中畜牧业收入已占到农村经济总收入的 30%。而且一大批乡、村、户，依靠柠条脱贫致富。上井乡上井村，种植柠条 1700 亩，人均 5 亩，依托柠条发展养畜，全村羊牛 245 头，户均达到 3 头，养羊 400 只，人均 1只。梁衬会乡樊家塔村村民张乃全，承包本村水岔沟小流域 400

---

① 资料来源：中国青年报绿网。

亩，种植柠条 70 亩，到 1995 年，羊饲养量达到 150 只，人均 25 只，当年出售 30 只羊，收入 7500 元，出售羊毛、羊绒收入 2300 元，畜牧业收入达到 9800 元，人均 1513 元，户产粮食 6500 千克，人均吨粮。该村村民刘亮明行走不便，但在柠条地里放羊，可以少走路，他养羊 170 只，全家 4 口人，人均达到 42 只，1996 年有人出 1.8 万元买他的羊，他坚决不卖，决心继续发展。

岚县种植柠条治理水土流失和脱贫致富的成功，还得益于政府的推动，一方面政府利用宣传、规划、抓典型和实行奖惩等方式，为调动农民种植和管护柠条提供激励机制。另一方面，政府在黄牛和绒山羊的改良更新上提供了技术服务支撑[①]。

（2）模式四：窖水节灌

固原市位于宁夏南部山区，属于国家级贫困县。全县总人口 50.27 万人，总耕地面积 178 万亩，其中旱地为 153 万亩，占 85.7%。该县属典型的黄土高原丘陵沟壑区，水资源特别匮乏，既无地表水又无地下水，属完全的雨养农业区。年降雨量少（仅为 341.1mm），而且时空分布不均，多以暴雨出现。因此，严重的干旱和水土流失现象相伴出现。

在这个县无论是治理水土流失，还是改善植物因干旱缺水而难以生长，均必须先解决水的问题。当地科技人员和群众把长期以来靠打窖蓄水来解决人畜饮水的古老的微蓄水工程引用到生产上，使暴雨径流水变为可靠的灌溉水源，形成窖水节灌农业发展和土地退化治理模式。窖水节灌通过把七、八、九三个月的暴雨径流蓄存到地下水窖中，在来年四、五、六月遇旱时浇灌作物或坐水点种，争取全苗，实现了秋季降水夏季用，雨季降水旱季用的人工控制降水的目的。

实行窖灌，使过去因干旱不能种植高产量、高产值作物的旱

---

① 资料来源：江波：《黄土高原贫困区类型划分与脱贫对策研究》，北京大学 1999 年博士论文。

地变成高产田。地膜覆盖种植玉米，一般年份亩产 400kg，丰年可达 500kg，比当地习惯种植小麦净增粮食 400kg，提高 3.5 倍；种植西瓜等经济作物亩产值可达 800～1000 元，比种粮食提高产值 8～10 倍。

单位面积产量的提高既可稳定解决当地贫困人口的温饱，又是他们脱贫的重要途径。以每个农户（以 5 口之家计算）打两眼窖计算，可补灌 4 亩地膜玉米，产粮 1600～2000kg，人均 320～400kg，可满足一年口粮；若种植瓜果等经济作物亩产值可达 800～1000 元，净收入 500～800 元，人均可达 480～640 元。

水窖节灌技术，使暴雨径流资源化，变害为利，起到灌溉和水土保持的双重作用，是黄土高原地区土地退化治理的有效措施[①]。

### 3. 流域治理

模式五：小流域综合治理

山西省阳高县长城乡的大南沟流域，总面积 32.4km²。治理前，流域侵蚀模数约 5000t/km²，水土流失面积 27.75km²，占流域总面积的 85.6%；所属 12 个自然村都是贫困村，1983 年农民人均纯收入仅有 169 元。

20 世纪 80 年代中期，大南沟流域的农民，在县水利水保局制定的"大南沟流域治理规划"的指导下，靠实施退耕还林、修建基本农田以及沟道防护体系建设"三道防线"，进行了长达 10 年的小流域综合治理。治理后，有效地控制了水土流失，水土流失治理度达到 72%，另外，全流域村民已初步脱贫。人均占有粮食由 420.5kg，增加到 461kg，提高 10.0%；人均纯收入由 169 元增加到 630 元，提高 272%。

---

① 资料来源：王春裕：《中国土地退化防治研究》，地质出版社 1995 年版。

　　大南沟的土地退化治理采取的是集体行动的方式，通过设立制度，规避了各种机会主义的产生。例如通过制定村规民约、护林公约以及建立管护队伍，巩固了小流域治理成果。对乱刨、乱挖等造成新的水土流失行为和在封禁的林草地内放牧、砍树、割草等，都要处以补植、罚款等处罚。截至 1991 年，全流域共处理各种违章案件 50 起，收回罚款 3280 元[①]。

### 4. 社区治理

#### (1) 模式六：整修梯田

　　山西省岚县王狮乡耕地面积 3.15 万亩，人口 6900 人，耕地以坡梁地为主，20 世纪 90 年代之前，这里水土流失严重，粮油产量低而不稳，群众生活水平低下。

　　自 20 世纪 80 年代末，王狮、阳湾、阴湾、史家庄等八村开始实施建设万亩梯田的土地退化治理方案。至 1997 年已完成梯田 15700 亩，人均 2.3 亩。据粗略统计，土地退化治理以来，仅修梯田一项，全乡增产粮食 350 万千克，增收 400 多万元。1996 年在干旱、多风、阴雨、霜冻数灾并发的情况下，梯田显示了增产效益，每亩增产 50 千克以上，全乡人均占有粮食 540 千克，人均纯收入 811 元。与此同时，水土流失也得到了有效的治理。

　　王狮乡的主要做法是，一方面人均建设好 2 亩基本农田，稳定解决温饱问题。另一方面，根据本地的气候特点，调整种植结构，着力抓了"岚州黄谷"这个主导产业，在梯田里统一种植，人均 1 亩，形成规模，统一加工包装、销售。仅此一项人均收入就达 300 元[②]。

---

　　① 资料来源：山西省汾河水库上游水土保持综合治理领导小组办公室：《汾河水库上游水土保持综合治理十年历程》，黄河水利出版社 1997 年版。

　　② 资料来源：山西省汾河水库上游水土保持综合治理领导小组办公室：《汾河水库上游水土保持综合治理十年历程》，黄河水利出版社 1997 年版。

（2）模式七：田间明沟排水

内蒙古杭棉后旗小召乡地处河套灌区上游，1976 年前，由于有灌无排，土地盐碱化日益严重。全乡 4.37 万亩耕地中盐碱地占81.8％，其中，重盐碱地 9160 亩，占总耕地面积的 21％，并先后有 7300 亩地弃耕，占耕地面积的 16.7％。粮食产量由 1964 年的600 万 kg 降到 1975 年的 425.5 万 kg，人均收入仅有 53 元，有的农民靠扫皮硝过日子。

自 1976 年开始，根据当时该乡的社会经济实际情况，小召乡农民选择明沟排水改造盐碱地的方案，通过治理，地下水位由过去的 1.42m 下降到 1.84m，控制住了盐碱危害。开挖排水沟后，土地盐碱化程度逐年减轻。重盐碱地由过去的 9000 多亩减少到1650 亩。一些因盐碱而弃耕的土地也逐步得到了开发利用，到l989 年总耕地面积比 1975 年增加 20％，一些重盐碱地变成了轻盐碱地，轻盐碱地变成了良田。

小召乡在治理盐碱地的过程中，除了采取明沟排水的工程措施之外，还辅以生物措施，进行综合治理。具体的措施有：植树造林。1976 年，全乡有林面积 4800 亩，林木覆盖率仅为3.75％，到 1989 年，已建成农田防护林网眼 370 个，折合面积1.2万亩，控制面积 6.9 万亩，农田保护率达 97％，基本实现了农田林网化。同时在盐碱荒滩种植红柳 1.7 万亩，经济林 2000 多亩，户均果树达到 0.6 亩。现在全乡有林面积达到 3.1 万亩，林木覆盖率提高到23.7％。防护林建设，巩固和提高了盐碱地的治理效果。

发展畜牧业，增施有机肥。种树种草为发展畜牧业创造了条件，使载畜量逐年增加，现在仅绵羊就已发展到 2.5 万只，牲畜的粪便又成为农田的优质肥料，减少了群众购买化肥的支出。几年来，群众积造使用农家肥，采取"三三制"的办法增加对土地的投入，即每年复种绿肥 1 万亩，压农家肥 1 万亩，压碳胺 1 万亩。通过增加对土地的投入，土壤有机质含量逐年提高，稳定了盐碱的治理效果。

经过治理，农民人均纯收入由 1976 年的 53 元增加到 1990 年的 890 元[1]（见表 5-2）。

表 5-2 小召乡盐碱地治理过程中若干指标的变化

| | 人均粮食（千克） | 人均产值（元） | 人均储蓄（元） | 人均收入（元） | 造林面积（亩） |
|---|---|---|---|---|---|
| 1975 | 490 | — | — | 53 | — |
| 1978 | 656 | 377 | 39 | 78 | 7705 |
| 1982 | 814 | 652 | 136 | 354 | 12217 |
| 1986 | 848 | 1018 | 252 | 512 | 25905 |
| 1989 | 1169 | 1192 | 305 | 735 | 33553 |
| 1990 | 1210 | 1179 | 347 | 890 | 37100 |

资料来源：王伦平等：《内蒙古河套灌区灌溉排水与盐碱化防治》，水利电力出版社 1993 年版。

---

[1] 以上数据来源：王伦平等：《内蒙古河套灌区灌溉排水与盐碱化防治》，水利电力出版社 1993 年版。

# 第6章 土地退化治理进展与评价

## 6.1 我国进入土地退化治理良好时机

改革开放以来，我国国民经济保持高速发展，仅 1990—2001 年间，国内生产总值年均增长 9.3％，比同期世界 2.5％左右的经济增长率高近 7 个百分点。国家实力的增强，财政收入的增加使得我国有更多的财力和物力投入到生态环境改造和治理。同时，由于人均收入的增加，生活水平提高，由生存向享受生活转变，大众的环境保护意识逐渐加强，土地退化防治的民间呼声也日益高涨。

进入 21 世纪以来，我国农业进入一个新阶段，由短缺经济向剩余经济转变。使得我国可以把一些生产效率低的坡地和边际地轮耕、停耕、休耕或退耕。同时，加入 WTO 后的国际形势要求我们发挥自己的比较优势。应发挥我们的劳动力密集优势，开展高效、精作农业，而土地作为我们的稀缺资源应该予以精心防护。

1998 年长沙洪水给我们上了生动的一课，即水土流失，环境恶化不仅只对当地的经济造成损失，还会影响周边区域。这就是经济学是的"负外部性"。当某个（些）人的行动所引起的个人成本不等于社会成本，个人收益不等于社会收益时，就存在外部性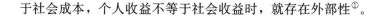。

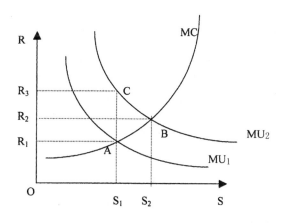

**图 6-1　土地退化治理状况**

下面我们来分析土地退化的外部性，如图 6-1 所示，横坐标未退化土地治理面积，纵坐标为效用。C 为土地退化治理的成本曲线。$U_1$ 为土地退化治理后个体边际效用函数，它是一条向下弯曲的曲线，符合边际效用递减的原则。$U_2$ 为社会边际效用函数，同理，它也是一条向下弯曲的曲线。由于退化土地治理具有正外部性，故社会边际效用函数大于个体边际效用函数，表现在图上为 $MU_2$ 曲线在 $MU_1$ 曲线上方。

交点 A 点是个体边际效用与边际成本相等的点。这时退化土地治理面积是 $OS_1$，效用为 $R_1$；此时个体的效用达到最大化，由于退化土地防治的正外部性，此时的社会边际效用为 $R_3$，远大于边际社会成本 $R_1$，意味着此时存在社会总效用损失，损失总量为 ABC 这个弧三边形的面积。为了增加社会福利，需要政府干预，由政府来承担退化土地防治的成本。最后的最佳治理面积为 $OS_2$，社会总效用达到最大化。

上面分析说明，由于退化土地防治的外部性，需要政府干预，

---

① 盛洪：《外部性问题和制度创新》，载《理论经济学》1995 年第 2 期。

政府主要是通过公共财政的支出来满足。公共财政是市场经济体制下政府按社会公众的集体意愿提供市场机制无法有效提供的公共物品来满足社会公共需要的经济活动或分配活动。

公共财政不仅出于发挥市场机制的效率优势，同时也由于市场本身存在缺陷，政府必须运用财政手段去弥补市场失灵，弥补由此产生的效率损失，实现宏观经济效益和社会效益的最大化，并实现社会公平。市场失灵包括公共品供给困境或"公共的悲剧"（市场机制不能提供纯公共品，准公共品供给不足及"搭便车"），外部效益，分配不公，信息不对称，经济运行动荡不稳和因垄断而出现的效率损失、停滞倾向。

当前，我国正进行着社会主义市场经济制度建设，作为市场经济的组成部分，政府的公共财政职能必须以弥补市场缺陷，提供公共物品和大众需要为出发点。转变为真正以满足社会公共需要为主要支出内容的财政分配模式。我国对退化土地防治作为一个公共物品，已得到了国家政府的重视。

## 6.2 治理退化土地的主要工程

### 6.2.1 退耕还林还草工程

在 1998 年洪水灾害后，党中央、国务院制定的灾后重建"三十二字"方针将"封山植树、退耕还林"放在首位。1999 年，朱镕基总理提出"退耕还林，封山绿化，以粮代赈，个体承包"的综合措施，四川、陕西、甘肃 3 省率先进行了退耕还林试点。2000 年 1 月，《中共中央、国务院关于转发国家发展计划委员会（关于实施西部大开发战略初步设想的汇报）的通知》（中发〔2000〕2 号）和国务院西部地区开发会议将退耕还林列为西部大开发的重要内容；3 月，经国务院批准，国家林业局、国家计委、财政部联合发出了《关于开展 2000 年长江上游、黄河上中游地区退耕还林（草）试点示范工作的通知》和《国家林业局、国家发展计划委员会、财政部印发〈关于在湖南、河北、吉林和黑龙江开展退耕还林（草）试点示范工作的请示〉的通知》，标志着面向中西部地区的退耕还林还草试点在 17 个省、自治区、直辖市的 188 个县正式启动①。

实施退耕还林还草，基本的政策是"退耕还林、封山绿化、以粮代赈、个体承包"。

第一，国家向退耕农户无偿提供粮食。每公顷退耕地每年粮食补助标准为：长江上游地区 2250 千克，黄河上中游地区 1500 千克。粮食补助期限，根据实际情况，需要几年就补几年。国家要求，对退耕农民的粮食供应减少环节，确保质量，由当地政府就近调运，组织到乡到村，兑付到户。粮食的调运费用由国家财政支付，不能把负担转嫁给农民。考虑到农民退耕后几年内需要维持医疗、教育等必要的开支，国家在一定时期内给农民适当的现金补助。现金补助的标准为每公顷退耕地为 300 元，补助期限也将从实际出发确定。

第二，退耕还林还草和宜林荒山荒地人工造林所需种苗由林业部门统一组织采种，育苗单位向农民无偿供应。种苗费按建设生态林标准每公顷补 750 元，由国家提供给种苗生产单位。

第三，按照"谁造林、谁管护、谁受益"的原则，退耕还林还草实行个体承包政策。国家将积极引导和支持退耕后的农民大力治理荒山荒地，并把植树造林种草和管护任务长期承包到户到人，30 年不变。退耕地造林种草以后，由当地县级人民政府逐块登记造册，及时核发林草权属证明，并纳入规范化管理。

---

① 《中国农业统计年鉴》2001 年卷，第 220 页。

从 1999 年 10 月开始，四川、陕西、甘肃 3 省率先启动了退耕还林试点工作，当年即完成退耕还林地造林 572.2 万亩，宜林荒山荒地造林 99.7 万亩。2000 年退耕还林扩大到 17 个省（区、市），完成退耕地造林 615 万亩，宜林荒山荒地造林任务 672.9 万亩。2001 年，退耕还林涉及 20 个省（区、市），完成退耕还林 630 万亩，宜林荒山荒地造林 845 万亩。2002 年初，国务院决定全面启动退耕还林工程，范围扩大到目前的 24 个省（区、市），计划退耕还林 3400 万亩。

截至 2002 年年底，全国退耕还林工程已累计完成退耕还林 5582 万亩、荒山荒地造林 5966 万亩[①]。

我国退耕还林的覆盖范围在逐步扩大，1999 年的范围只是四川、陕西、甘肃 3 省，到 2001 年，已涉及 20 个省（市、区）、400 个县、5700 个乡镇、2.7 万个村、410 万农户、1600 万农民[②]。2002 年，发展到 25 个省（自治区、直辖市）和新疆建设兵团，涵盖了除山东省外我国大部分土地退化县。根据规划，目前还没有安排退耕还林任务的江苏、浙江、福建、山东、广东 5 个省，也是退耕还林工程的建设范围。

退耕还林和农民吃饭、增收以及地区经济发展紧密结合，解决了农民当前生计和长远发展问题。从一些地方的实践看，退耕还林工程的实施，已不是单纯的造林种草，改善生态，而且为调整农村产业结构、促进地方经济发展和增加农民收入创造了契机。四川省雅安市探索出的林草套种、林药间作等长短结合的模式，实行"公司＋农户""工厂＋基地"的新机制，既增加了绿色植被，改善了生态环境，又增加了农民收入，促进了地方经济的发展。

---

① 会议资料对退耕还林工作的回顾与建议。
② 周生贤：《规范工程管理，强化监督检查，确保退耕还林工作顺利推进——在退耕还林工作电视会上的讲话》，载《林业情况通报》2002 第 1 期。

　　退耕还林和生态移民紧密结合，走出"愈垦愈穷，愈穷愈垦"的怪圈。内蒙古、四川、云南、广西、贵州、宁夏等地，对居住在生态地位重要、生态环境脆弱、已丧失基本生存条件地区的人口实行生态移民，取得了较好的成果。在这些地方，实行生态移民、封山绿化，可以做到"迁一户人，退一片地，封一片山"，不但保护了生态环境，也有利于实现脱贫目标。

　　退耕还林和农村能源建设结合起来，解决农民的生活用能问题，巩固生态建设成果。据调查，农村能源消耗占全国森林资源消耗的 40%，山区有的要占 70%。目前，西南地区在发展沼气、节柴灶、小水电、太阳能、风能等方面已经取得一些成功的经验。尤其是发展沼气，不但投入少，见效也快，既解决了边治理边破坏问题，也改善了人居卫生条件，还增加了有机肥，促进了种植业发展，是一举多得的好事。

　　退耕还林与封山禁牧、舍饲圈养紧密结合，在改善生态环境的同时，促进畜牧业的发展。传统的畜牧业放养方式，不仅对林草植被造成严重破坏，而且随着山地林草退化，承载力大幅度下降，畜牧业的发展也受到极大制约。改变牲畜饲养方式，实行封山禁牧、舍饲圈养，提高了荒山荒地和天然草场可饲灌木和草的生长量，在个体承包机制的推动下，使畜牧业成为农民广泛参与的重要产业。

　　退耕还林和农田基本建设紧密结合，保证农民的基本口粮田，巩固退耕还林成果。各地在退耕还林工作中，进一步加强了川地、缓坡地农田基本建设，尤其在干旱、半干旱地区加强了农田水利等基础设施建设，提高了粮食单产，正在实现"树上山，粮下川"的目标。

## 陕西省吴起县退耕还林还草探析

自然条件恶劣、经济落后的陕西省吴起县，近年来在生态环境建设上连迈大步，走在了全国前列：1998 年，该县实现彻底禁牧封山；1999 年，155 万亩坡耕地一次性退耕还林还草，在全国各县中位列第一。尤其让人称奇的是，禁牧退耕后农民的日子越过越红火，今年人均纯收入比上年增加 15％，突破 1500 元。有关专家在实地考察后惊叹不已：吴起县探索了一条改善生态环境、增加农民收入的双赢之路，是对西部地区生态环境建设做出的一大创举。

吴起县的双赢战略是如何实现的？11 月下旬，记者踏着白雪，上高山，访农户，寻找其中的答案。

吴起县的森林覆盖率由 1997 年年底的 13.2％提高到目前的 18.7％，3 年增加了 5.5 个百分点。这一奇迹是如何创造的？最关键的是实行了封山禁牧。

吴旗属黄土高原梁峁沟壑区，水土流失面积占全县总面积的 97.4％，旱、雹、洪、冻、风五灾俱全，自然条件之差，生态环境之恶劣，为延安 13 个县（区）之首。新中国成立到前年，全县干部群众累计植树造林 450 万亩，可保存下来的只有 70 多万亩，其中最大的破坏因素就是漫山放牧。

养山羊是吴旗的传统产业，截至 1997 年，全县山羊存栏达到 27 万只，算上牛、驴等大家畜，全县总计有 49 万多个羊单位，超载 35 万。山羊早春啃树皮，春末刨草根，冬天咬树梢，成为林草的"天敌"。

没有全县生态环境的改善，经济发展就没有基础；而传统的牧羊方式如不彻底改变，生态环境就难以改善。吴起县委、县政府于 1998 年 5 月发出禁牧令：到 1998 年年底，全县 163 个行政村全部实现封山禁牧。由于认识统一，措施得力，禁牧目标如期实现，林草植被得到全面保护。3 年下来，自然生成和人工种植的林草植被基本"占据"了沟沟坡坡。

继封山禁牧之后，1999 年，吴起县 155 万亩坡耕地全部退耕还林还草。牧禁了，田退了，农民干什么，钱从哪里来？以舍饲小尾寒羊为代表的"三型"农业使上述难题迎刃而解。

近两年，吴起县流传起这样一些顺口溜：舍饲圈养政策好，小尾寒羊是个宝；昔日放羊光了山坡穷了人，如今养羊保了林草富了民……

在洛源乡金佛坪村韩孝荣老汉的羊圈里，他指着膘肥体壮的小尾寒羊向记者说起它们的好处：不用到山上放牧，在家里就可以圈养；比山羊长得快，一只羊羔半年就能长到五六十斤，能卖 400 多元；繁殖快，一只母羊一年产 2 胎，一年少说也能下 4 个羊羔。老汉从 1998 年开始养小尾寒羊，到现在共卖了 113 只，4 万多块钱揣到了腰包里。"从前俺和婆姨、娃娃一年四季围着 30 亩山地打转转，好年景也不过打 3000 斤粮，折合成钱不到 1000 元！"

同村放了 10 多年山羊的张生荣老汉，改养小尾寒羊后也发了"羊"财。回想过去，老人大发感慨："山羊一赶上山就是一整天，羊跑到哪儿人跟到哪儿，累得人蔫蔫的，饿得心里慌慌的！舍饲小尾寒羊既不累又不烦，5 只就顶我过去放的一群山羊！"

据介绍，小尾寒羊的饲养量由 1998 年上半年的 2700 只增加到现在的 12.4 万只，养羊户占到农民总户数的 62%，单此一项年人均收入增加 200 多元。

除了以舍饲圈养小尾寒羊为主的商品致富型牧业外，近年来吴起县还大力发展大棚蔬菜、洋芋等自给高效型农业和以仁用杏为主的保护效益型林业。据常务副县长韩爱杰介绍，今年虽然是大旱之年，但农民人均收入仍比上年增收近 200 元。

"目前以舍饲圈养小尾寒羊为主的'三型'农业已基本取代了广种薄收、漫山放牧等传统的掠夺资源式生产方式，农林牧由原来的'冤家'变为'亲家'，发展经济的过程同时成为生态修复的过程。"说到此，吴起县县委书记郝飚倍感欣慰。

到 1998 年年底，该县舍饲养羊户就增加到 3620 户，到 1999 年年底增加到 10177 户。

从 1998 年至今，吴旗 3 年累计造林 200 万亩，接近过去 40 多年全县植树总和的一半。

"科学技术是第一生产力"在吴起县得到了极好的诠释。从小尾寒羊的圈养到造林绿化，从发展庭院经济到种植牧草，科学技术的应用推广使农民以最少的投入换取了最大的效益。

舍饲小尾寒羊与放牧山羊不同，科技含量要求很高，弄不好羊子就会生病、死亡。吴起县专门从西北农林科技大学聘请来两位教授作"高参"，请他们讲授有关知识，培训科技人员。县里建立了县、乡（镇）、村、组、户五级科技服务网络，印刷了《小尾寒羊饲养管理口诀》等"明白纸"贴到农民墙上。科学喂养使小尾寒羊的病死率降到最低点。

为提高造林绿化的效果，吴旗创造性地提出了"以草起步，草灌先行，草灌乔结合"的新思路，把能够快速荫蔽地面、防止水土流失的草灌作为重点，大面积营造沙棘—小叶杨（杏、桃、榆）等混交林。种植大棚蔬菜，政府出资从相邻的安塞县请来了技术员，给农民解疑释惑；地膜种草、温棚种草蔚然成风，结果是产草期提前，出草量大增……

"吴旗自然条件恶劣，群众刚刚脱贫，无论是发展经济还是退耕还林还草，如果单靠硬拼、蛮干，很容易出力不讨好，挫伤农民的积极性。必须要紧紧依靠科学技术，力求事半功倍。"郝飚书记这样告诉记者。

　　到 2005 年，该县每年将出栏小尾寒羊 80 万只，人均拥有 15 亩山杏，2 亩仁用杏，10 亩商品牧草，年收入将突破 5000 元大关；同时山顶草灌戴帽，山间杏草缠腰，山下水清粮丰……

## 6.2.2　京、津风沙源治理工程

　　为治理风沙，2000 年国家在环北京地区启动了京、津风沙源治理工程。

　　其治理对策是：第一、封禁保护现有的森林，杜绝一切经营性的采伐活动。第二、对流域内的陡坡耕地和库区周围的坡耕地实行退耕还林。第三、加强水土保持预防监督，加快水土流失综合防治步伐，减少泥沙。第四、对现有荒山荒地，通过飞、封、造等措施，营造乔灌草结合的复层水源涵养林。第五、大力营造防风和固沙林，形成防风阻沙固沙体系，治理风口、风道地区和活化沙丘。第六、调整畜种结构，改变牧业生产方式，变放牧为圈养。第七、营造农田林网和牧场林网。第八、在燕北地区开展生态移民。

　　工程计划用 10 年时间，通过采取对现有植被的保护、封山（沙）育林、人工造林、飞播造林、退耕还林、草地治理等生物措施和小流域综合治理、舍饲禁牧、生态移民等工程措施，使森林覆盖率显著增加，可治理的沙化土地基本得到治理，风沙天气和沙尘天气明显减少，使京津及周边地区生态有明显的改善，从总体上遏制土地沙化的扩展趋势。建设项目分为造林营林、退耕还林还草、草地治理、水利配套设施建设和小流域治理等。

　　京津风沙源治理工程作为国务院批准的六大林业重点工程之一，项目自 2000 年实施以来，中央累计投资 57.8 亿元，其中水利投资 10.3 亿元。共完成工程建设任务 90 万公顷，其中营造林 53 万公顷，退耕还林还草 3 万公顷，草地治理 27 万公顷，小流域综

合治理 7 万公顷；水利，配套工程完成 2491 处，建林木种苗基地
687 公顷，草种基地 5160 公顷。

京津风沙源治理工程涉及北京、天津、河北、山西和内蒙古
五省（区、市）75 个县，其中内蒙古 31 个、山西 13 个、河北 24
个、天津 1 个、北京 6 个（在这 75 个县中，除北京的 6 个区外，
其余全为土地退化县）。分为北部干旱草原沙化治理区、浑善达克
沙化治理区、农牧交错地带沙化土地治理区、燕山丘陵山地水源
保护区，总面积 45.8 万平方千米，其中沙化土地和水土流失
10.18 万平方千米。京津风沙源治理工程建设范围西起内蒙古的达
茂旗，东至内蒙古的阿鲁科尔沁旗，南起山西的代县，北至内蒙
古的东乌珠穆沁旗，东西横跨近 700 千米，南北纵跨近 600
千米[1]。

### 6.2.3　三北防护林工程

环境与发展，是当今国际社会普遍关注的重大问题。森林是
实现环境与发展相统一的关键和纽带，这已为当今国际社会所认
知。作为陆地生态系统主体的森林，既是自然界功能最完善的资
源库、基因库，对改善生态环境，维护生态平衡起着决定性的作
用；又是作为人类发展不可缺少的主要自然资源，对社会经济的
可持续发展，特别是发展中国家谋求发展摆脱贫困具有极其重要
的战略意义。

"三北防护林"是西北、华北、东北防护林系统的总称，它西
起新疆，经由内蒙古等省，东至黑龙江，绵延万里，蔚为壮观，
是新中国建立 50 年来所实施的最大一项"绿色工程"。它从 1978
年起，计划用 73 年时间，在横跨中国西北、华北、东北 4480 千米

---

的风沙带建设防护林体系工程。

按照总体规划，工程建设自 1978 年开始至 2050 年结束，分三个阶段八期工程进行，其中 1978 年至 2000 年为第一阶段，2001 年至 2020 年为第二阶段，2021 年至 2050 年为第三阶段。第一阶段已经实施了三期工程，从今年起进入第二阶段，实施第四期工程，资金投入将比过去有大幅度增加。

三北防护林工程已经进行了整整 23 年，共完成造林保存面积 2203.72 万公顷，约相当于世界人工林面积的 1/7，其中人工造林 1538.6 万公顷，飞播造林 88.17 万公顷，封山育林 576.95 万公顷，产生了巨大的生态、经济和社会效益；圆满完成了第一阶段建设任务。

三北防护林工程建设范围涉及三北地区的 13 个省（区、市）的 590 个县（旗、市、区），涵盖了大部分土地退化县，分为四大区。一是华北北部地区，具体为河北 25 个、北京 4 个、天津 8 个、辽宁 53 个；二是东北地区，具体为吉林 47 个、黑龙江 70 个、内蒙古 27 个、辽宁 28 个；三是蒙新地区，具体为内蒙古 35 个、新疆 94 个、甘肃 20 个、宁夏 13 个、青海 12 个；四是黄土高原区，具体为陕西 59 个、甘肃 50 个、宁夏 7 个、青海 17 个、内蒙古 5 个、山西 44 个。总面积 405.39 万平方千米，占国土面积的 42.2%。这一区域，分布着我国的八大沙漠、四大沙地和广袤的戈壁，面积达 158 万平方千米[①]。

所谓"可持续发展"，就是既满足当代人的各种需要，又保护生态环境，不对后代人的生存和发展构成危害的发展。它特别关注的是各种经济活动的生态合理性，强调对环境有利的经济发展应建立在生态持续能力、社会公平和人民积极参与自身发展决策的基础上。

---

① 国家林业总局治沙办材料。

三北工程建设范围内大部分为干旱、半干旱区，生态环境脆弱，自然条件恶劣。我国的八大沙漠、四大沙地，都集中分布在这一地区，沙漠、戈壁、沙漠化土地总面积为 149 万 $km^2$，风沙危害十分严重。三北地区的水土流失总面积达 55.4 万 $km^2$，每年每平方千米流失土壤达 1000～10000 吨，相当于刮去 1cm 表土，并造成洪水泛滥、水库淤积。由于大气环流的作用和缺乏森林的调节，三北地区旱涝灾害频繁，危害严重，大部分地区的年降水都在 400mm 以下，且多集中在 7～8 月份，常以暴雨形式出现，形成了"十年九旱，不旱则涝"的气候特点。干旱、风沙危害和水土流失所带来的生态危机严重制约着三北地区的经济和社会发展，使当地人民长期处于贫困落后境地。党中央国务院决定兴建的三北防护林体系工程，本身就是一项可持续发展战略工程，有着十分重要的现实意义和深远的历史意义。

### 6.2.4 小流域治理

1997 年 8 月，江泽民总书记总揽我国经济和社会发展的全局，做出了关于治理水土流失、改善生态环境、建设秀美山川的重要批示，为我国生态环境保护和建设指明了方向。随后，朱镕基总理视察陕西的水土保持工作，提出了"退耕还林（草）、封山绿化、个体承包、以粮代赈"的战略措施。近几年，在我国出现的洪灾、黄河断流、沙尘暴、干旱、蝗虫等一系列灾害问题，都与水土流失加剧、生态环境恶化息息相关。50 年来，虽然共治理了水土流失面积 81 万平方千米，但仍然还有 190 万平方千米需要治理。水土流失导致土壤贫瘠化、植被减少、生态恶化、诱发滑坡、泥石流、风沙和沙尘暴，压缩已经狭小的生存空间，加剧贫困，严重制约当地经济发展，急需治理。目前生态环境建设作为西部大开发的基础工程启动，水土流失区的治理与生态环境建设正进入一个促进经济、社会和环境协调发展为目标的崭新阶段。在加速西部地区经济腾飞的同时，使生态环境建设有一个大的发展，小流域治理水土保持工作具有特殊的地位与作用。

## 1. 小流域治理及其意义

小流域是一个包括许多自然、经济、社会因子的高层次、多因子、多干扰和多变量的开放式小单元。所谓的小流域治理，是在一个集水区域范围内，在全面规划的基础上，合理安排农林牧副业用地，因地制宜，因害设防，布置各种水保措施。

它可分四个层次：

第一层次在流域的梁峁、塬面修筑梯田，实施保土保水保肥耕作措施；

第二层次在陡坡地上种植各类适宜的林草，控制水土流失；

第三个层次在沟川修筑顺水河坝和格坝，拦蓄泥沙，淤滩种田；

第四层次是在沟底有条件的地方修筑谷坊或淤地坝，这是最后一道防线，应提高质量，高标准控制沟道洪水。

小流域综合治理目的在于通过多种措施、产业调整、投资分配和土地优化利用等途径来协调人类社会的各种活动与流域生态系统的关系，以建立一个稳定、持久、高效的生态、经济和社会复合系统，在空间和时间上，以社会需求为动力，通过投入产出渠道，运用科学技术手段有机地结合在一起，构成一个完整的生态经济系统，这个系统具有独特的结构，有自身的运动规律性，与系统外部存在着千丝万缕的联系，是一个能够利用小流域在内的各种资源，形成生态结合力，是能够产生生态经济功能和效益的开放系统。

我国以不足世界 10% 的耕地养活着世界 22% 的人口，现在的人均耕地面积只有 0.10 公顷，因此，保土保水保肥任重道远。在一个小流域不可能实行土地休闲轮作，这就要求小流域治理目标一要有较高的产出，为现有人口提供一定数量的生产资料；二要有持久的生产力，不仅为现代，而且为后代所利用。随着我国农村经济改革的不断深化，在党的富民政策指引下，小流域水土资源治理由过去统一治理、集体经营，逐步转向以户或联户承包治理为主；在治理方法上，由过去单一、分散治理转向以小流域为单元集中连片治理，使流域治理与开发利用结合起来；由过去边治理边破坏的不良情况，逐步向预防、治理和管理相结合的方向发展。根据国家"十五"计划及 2010 年远景目标，对于我国 8000 条小流域，应加大治理力度，挖掘自然资源、劳动力、资金投入、科学技术等方面的潜力，把我国的小流域治理推向一个新的阶段，促进地区的经济持续发展。在小流域治理过程中，要坚持治理政策的连续性，提高思想认识，把水土保持作为一项基本国策，依靠科技进步，注重开发效益，加大资金的投入力度，并要严格控制人口的增长，提高人口素质，以保持小流域综合治理健康、稳定、持续的发展。

### 2. 小流域综合治理的成效

中国是世界上开展小流域治理较早的国家之一，经过 50 年的不断探索、实践、再探索、再实践的艰辛过程。20 世纪 50 年代，许多地区，尤其是黄河流域就开展了小流域对比沟治理工作。自 1980 年开展小流域治理试点和向全国推广以小流域为单元进行综合治理以来，全国开展试点、重点治理的小流域约占全国治理面积的 51.3%，每年完成治理面积 1 万平方千米。无论是试点或是国家的重点治理，还是面上小流域治理，在规划、措施布局、资金使用管理、技术服务方面，都经历了一个逐步发展的完善过程，取得了大量有价值的成果，治理区注重实效，做到"三硬两灵活"，即任务硬，规划硬，标准硬，方式灵活，措施灵活，实现九大转变，即由过去的零敲碎击、条块分割转变为整山、整流域大规模治理；由过去重治沟、轻治坡转变为沟坡兼治，突出以治坡为主；由过去以人力为主，转变为人机结合，突出机械化高效治理作用；由过去冬季突出治理，转变为常年治理；由过去的窄幅梯田，转变为宽条幅、大平大整的标准农田；由过去对水利设施小修小补，转变为全面更新改造；由过去的生态效益为主的防护型转变为以经济效益为中心的开发型治理；由单一的措施治理转变为按流域统一规划，多项措施优化配置，综合治理；治理开发由解决温饱型为主转变为向实现流域经济和水保产业化方向发展。形成具有中国特色的水土保持成功之路。小流域治理不仅是水土保持和环境保护的成功经验，也是中西部地区加强农业的一条成功之路，已治理的 4.2 万平方千米国土中，减少坡耕地 40%，土地利用率增加 15%，抵御洪涝灾害和干旱及风沙的能力也在大幅度提高，为治理区农业可持续发展打下了坚实的基础。

（1）水保效果明显

在土壤侵蚀的坡耕地上，利用改变坡面微地形，增加地面糙率，增加植物覆被、地面覆盖或增加土壤抗蚀力等办法，保持水土，改良土壤，以提高抗蚀能力，所以小流域综合治理能有效减缓和控制水土流失，修建梯田是小流域治理的基本措施之一。1995 年年底，黄河流域共修建梯田、坝地、水田等基本农田 517万公顷，累计增产粮食 593 亿千克，"八五"期间年稳定增产 40 多亿千克，按人均用粮 400 千克计，可养活 1000 万人。内蒙古的皇甫川经过 15 年的治理，64 条重点小流域已经形成层层设防，节节拦蓄，自上而下系统完善的综合水土保持防护体系，水土保持功能大为增强，大部分流域达到泥沙不下山，洪水不出沟，全拦全蓄，减沙减水效果显著。经测算，64 条小流域年拦蓄径流总量由632.85 万立方米上升到 2000 年的 5082.14 万立方米，提高了7 倍，年拦蓄泥沙由 249.25 万吨上升到 1767.02 万吨，提高了 6

倍，年侵蚀量由 2455.2 万吨减少到 688.17 万吨，减少泥沙效率为 71.9%。

（2）抗御旱涝灾害

综合当地的具体情况，把各项措施落实到地块上，通过小流域综合治理，采用综合防灾措施，良化生态环境，使水旱灾害能得到有效控制或减轻。陕西榆林地区自 1958 年以来，坚持以小流域综合治理为单元立体开发，植树造林，引水拦沙；为防御特大洪水，减轻水土流失对下游造成的危害，修筑骨干性库坝工程。山西忻州地区狠抓治沟骨干工程，在黄河流域 8 个县共建治沟骨干工程 137 项，总控制面积 1152 平方千米，占该区总流失面积的 11%。

（3）土地结构趋于合理

小流域综合治理是指在一个流域系统环境内，在全面规划的基础上，合理安排农、林、牧业用地，因地制宜，因害设防地布设综合治理措施，从坡面到沟道，从上游到下游，通过各种措施的最佳配置模式，以达到较高的收益，土地利用率趋于合理。由于大面积陡坡耕地退耕还林还草和荒山荒坡绿化，农田面积逐年减少，林草面积逐年增加。陕西无定河 171 条小流域通过治理，农林牧用地由治理前 37.4%、14.3%、1.1% 调整为 29.4%、47.0%、5.2%，横山县曹家沟流域面积 17.1 平方千米，从 1995 年起通过反坡梯田打坝，荒山陡坡种草造林绿化，饲养羊保林草增收入，达到了农降、林升、牧提高，走向良性循环之轨道。无定河流域森林覆盖率由 9.3% 提高到 40.2%，已治理的小流域基本实现了绿树成荫，果实繁茂，溪水清澈，道路通畅，村寨文明，人民富足。

（4）土地利用率提高

通过沟坡地的开发，土地生产力大幅度提高，区域的生态环境向良性循环方向发展，人民的生活水平有了大幅度提高，取得明显的社会、经济、生态效益。山西农科院在隰县经过十年攻关，取得长足的进展，农民人均纯收入由"八五"初期的 331.8 元增加到"九五"期间的 1800 元。土地利用率由 42% 提高到 85.2%，农业经济结构也发生变化，种植收入呈下降趋势，畜牧业呈上升趋势。陕西安塞纸坊沟流域通过小流域治理，粮食单产大幅度提高。1996 年的耕地面积约为 1986 年的一半，而粮食产量却为 1986 年的 3.3 倍，1997 年降雨量仅为常年的 1/2，其单产依然为 1986 年的 2 倍，1998 年的粮食总产、单产、人均产粮分别为 1986 年的 2.6、5.1、2.0 倍。

### 3. 小流域治理的发展思路

#### (1) 搞好植被建设

小流域综合治理以提高经济效益为重点，以防治土壤侵蚀，改善自然环境，保障农业生产的持续高产稳产为目的，加快植被建设，合理地运用生物土壤技术，因地制宜，趋利避害。

① 发展林果业。水土流失地区栽培果树，不仅能有效控制水土流失，而且能在短期内收到很高的经济效益，使农民尽快脱贫致富。林果业建设经过 10 多年的努力，果树发展迅速，农民收入增加，同时还与畜牧业同步发展，逐步形成生态和经济效益的良性循环，综合效益提高。发展林果业首先是农业和林业部门要加强宏观协调指导，在确定发展哪些干鲜果品和发展品种、数量上，要进行市场预测，搞清现有规模，提供综合信息；二是经济林已发展到一定规模的地方，重点应转到提高技术和管理水平上来，以发挥更好的效益；三是有不少高寒、半高寒地区，发展经济林还没有起步，水保、农业、林业三个部门要共同组织若干技术攻关和推广小组，迅速引进、研究和试验适宜这些地方的经济林品种；四是重点抓好苗木的选择，提高品种质量。

② 适地适树。对于小流域植被建设，必须从当地自然生态平

衡考虑，以中、小流域内自然资源的最有效、最合理利用和综合治理规划为基础，根据当地发展林业生产的防护目的，进行全面规划，精心设计，重点抓适地适树，营造水土保持林。农田及道路林网的重新改造，要求种植抗风强、不易风倒及风干的树种，可用沙棘、花椒、紫穗、桑树等替代劣势树种，还可用揪树、香椿、侧柏、银杏、枣树、杜仲来替代。

③ 重视庭院林业经济的发展。由于杨树占"四旁"（村、路、水、地旁）植树的60%左右，密度过大而生长不良，"四旁"植树也应考虑以经济效益为先导的原则，除了自身需要保存部分高质量的用材树种外，应逐步扩大经济林木的比重，每户若有10～15株包括果树在内的经济林木，使庭院林业的产值达到户均200元是不难实现的。

④ 种草。可利用人少地广的大面积荒山和荒坡的优势，有计划地建立饲草基地和草田轮作，加大自然恢复力度，实行划管封育，划区轮牧，封滩、封沟、封坡育草，建立家畜基本草地，发展割草养畜，改放牧为舍饲。应开发飞播种草，它是一项重要的大面积种草办法，速度快、工效高，成本低，应大力推广。林草结合，功能互补，必须从草起步，草灌先行，在瘠薄地方造林前，可先种草或草灌结合，以便蓄纳雨水，改良土壤及立地条件，实行草灌乔混交。做好草种选育、培育，提高种草质量，发展畜牧业，依托退耕还林（草）工程，连片种植优质牧草、以草养畜，所需资金可通过小额信贷解决。

⑤ 搞好退耕。退耕还林就是将斜陡坡地退还为林地，以保持水土。主要是集中精力搞好试点，编制工程总体规划，考虑财政承受能力；因地制宜确定林种比例，实施不同补助标准，推广短期内具有经济效益的生态林种；种苗可采取由林业部门统一把关，根据群众愿望，由林业部门提供苗木；结合退耕还林，对生存条件恶劣地区的农民异地移民，把山上移民与山下小城镇建设结合

起来，"迁一户人，退一块地，封一片山"，延长承包期，农民承包的耕地和宜林荒山荒地，植树种草以后，承包期可延长到 50 年，也可以考虑延长到 60～70 年。

⑥ 封山育林。采用保护原有植被，控制过度放牧，封山封沙与人工造林相结合，在局部可能引水发展灌溉农业的地方，则要采取以建设保护农田村网为中心的植被建设措施。通过封山育林、保护和促进林下灌木和草木植物生长，增加林地枯枝落叶的贮存量，枯枝落叶腐烂后，形成腐殖和有机质，可与土壤团粒结构的形成有效增加土壤的孔隙度，提高土壤的透水和持水能力，土壤侵蚀模数减小。

（2）实行综合治理

根据水土保持重点治理的经验，治理水土流失必须坚持以小流域为单元，山水田林路草统一规划，工程措施、生物措施、耕作措施等有机结合，实行综合治理，根据不同的土壤、气候、降雨和水土流失状况采取不同的防治措施。

① 在中强度以上水土流失区，必须采取以工程措施为主，辅以生物措施；在轻度区水土流失区，主要采取封禁治理措施，加快植被的恢复；在无明显的水土流失区，采取预防保护措施，防止人为破坏产生新的水土流失。

② 打破区域界线，实施连片建设，连片治理，连片开发，建立生态经济型流域，抓精品工程建设，提高水保工程效益，搞好水土保持措施的优化设计和优化配置，显示区域生态经济协调发展态势。

③ 围绕农业基本建设，采取挖、截、提、蓄、节并用，建设水利工程。近年来小流域治理区的机井、水窖等蓄水引水工程发挥了重大作用，解决了人畜用水，灌溉了农田。

④ 加强用水的科学管理，合理利用水资源，实行喷灌、滴灌、微灌等进行节水灌溉。大力推广节水灌溉，集雨节水灌溉，通过

兴建旱井、涝地、水窖等蓄水建筑物，利用公路、道路、庭院、坡面等各种径流场将流失的天然降水蓄积起来，并辅之以先进的灌溉技术设备进行农业灌溉，整个过程，技术路线简单清晰，容易掌握，便于接受。在西北农田既有水源无保障的因素，也有大水漫灌成本高的原因，因此，无论从最大限度地发挥水资源的灌溉效益出发，还是从大幅度降低灌溉成本的角度考虑，必须尽快使现有水地全部实行节水化。

⑤ 实行小流域综合开发，必须以"三统三分"为主要措施。小流域内统一规划，分段开发；政府统一组织，分部门实施；工程质量监督和完工时间统一进行，农民分户作业，谁建设谁受益。

⑥ 加大"四荒"地治理，荒山、荒丘、荒滩、荒沟的治理和合理开发是生态环境建设的主要内容，应积极鼓励社会各种经济组织和个人购买"四荒"使用权，对于以承包、租赁、股份合作等方式治理"四荒"，允许继承、转让和转租。对于拍卖后的牧坡地合理规划，加强管理，坚持政策的连续性、稳定性，切实花大力气推进承包治理小流域，使之继续按照统一规划，向配套连片方向发展，形成群体效益。

（3）建设基本农田

小流域治理与开发相结合，把防治水土流失，改善生态环境与提高农业生产结合起来，建设基本农田是小流域治理的关键技术，对农田保护，坚持"修一退二还三"（修一亩基本农田，退二亩荒坡，还三亩以上林草）。大量的实践证明，基本农田数量及其质量是决定一个地区农业生产水平的重要因素，没有一定面积的基本农田，粮食生产就很难高产稳产。

一要通过推行旱坡地改机修宽幅梯田，旱平地改水浇地，缓坡地改旱平地，荒沟改坝地，宜垦荒地改耕地五大农地改造措施，建设高标准的基本农田，解决西部地区粮食自给问题。

二要提高基本农田的建设质量。各级政府与农民对建设基本农田的目的要有明确的认识，建设基本农田的目的是充分利用降水资源，有效地防止土壤流失，加快实现粮食产量潜势，大力促进农村经济发展。建设基本农田要正确处理速度与效率，单项与整体，当前与未来的关系，基本农田建设应按部颁的技术规范和各省（区）标准局颁发的标准进行规划、设计、施工和管理。

三要在基本农田上推广适宜的先进技术，重点推广地膜覆盖、节水灌溉、先进的水保耕作技术、改土增肥、良种繁育、立体种植等技术，尽快将科技送到农户之中，转化为现实的生产力。结合各种耕作措施，持续地深耕深翻，增施有机肥，改良土壤，培肥地力，提高蓄水保水能力，进而达到海绵田的标准。四要坚持集中治理，连续治理，综合治理的原则，以村为单位，以小流域为单元，实行统一规划，统一领导，统一政策，统一标准，统一治理，集中劳力，集中时间，集中连片治理之后，再划拨到户，分户进行管理、耕种、养殖和受益。

（4）推进水保产业化

水土保持产业化是以国内外市场为导向，以提高经济效益为中心，对当地水保产业和主导产品实行区域化布局，专业化生产，一体化经营，社会化服务，企业化管理，把产供销、经科教紧密结合起来，将水土保持工作纳入市场经济轨道，按照市场经济和价值规律要求进行环境整治和水土资源的开发、利用和保护。

① 通过制度创新，建立适应市场经济体制的新的经济秩序和运行机制，逐步建立能够自我积累、自我完善、自我滚动发展，并具有现代产业扩大再生产能力的新型产业体系，增强水保行业内部活力，壮大其经济实力，推动水土保持持续、健康、稳定发展。

② 水土保持产业化是山区生态环境建设的根本措施，水土保持产业化是把经济开发直接寓于生态系统建设当中，把当前利益与长远利益结合，社会、生态和经济效益相统一，具有较高持久

生态效能和经济生产潜力的综合体系，这是通过水保行业发展具有规模化、社会化、市场化、商品化的生产行业。

③ 水保产业化的主要形式有家庭生态农场，农副产品加工，政府、企业、农户复合体合作社，农民经济组织等，是广大山区摆脱经济贫困和水保事业"一家治理多家破坏"被动局面的必由之路，水保产业必须融于农业产业化之中，通过区域发展来提高自身。

④ 推行适度规模经营，培植水保拳头产品和具有高附加值、高商品率和高创汇率的水保产品，积极创造条件发展"龙头"企业。

⑤ 建立市场信息服务体系，做好市场信息的收集、整理、加工、传递、发布、咨询等方面的工作，及时向供需双方提供准确、全面的市场信息，帮助供需双方进行正确决策。

### 4. 小流域治理案例

## 房干小流域治理开发的做法与成效

　　房干村坚持小流域综合治理，把昔日穷山恶水的"要饭村"，变成了山清水秀、林茂粮丰的秀美山村，成为山东省治理水土流失建设生态农业的典型。1999 年 8 月，世界著名环保专家、全国人大环境与资源保护委员会主任曲格平把这里誉为"中华生态第一村"。

### 一、流域概况

　　房干小流域位于泰山东麓，莱芜市西北部纯山区，流域总面积 401 km²。该流域为砂石山区，山高坡陡，支沟密布，沟壑密度为 48 km/km²，中度以上水土流失面积为 324 hm²，占流域总面积的 79.8%，土壤年侵蚀模数为 4800 t/km²。流域内的房干村 158户，558 人，劳力 180 个，耕地 33.87 hm²，人均 0.06 hm²，宜林山地 233.3hm$^2$，人均 0.42hm$^2$。过去的房干村，穷乡僻壤，进村无路，山上无树，群众为求温饱，刨草根、扒山皮，形成了"愈垦愈穷、愈穷愈垦"的恶性循环，每年需吃国家救济粮 8 万 kg。

## 二、综合治理

面对房干小流域穷山恶水的状况，饱尝水土流失之苦的房干人痛定思痛，深刻地认识到水土资源的无比珍贵，认识到只有搞好水土保持，改善生态环境，才能留住山里人赖以生存发展的根。他们在水利水保等部门的支持下，对全流域的山山水水、沟沟岔岔进行全面调查，统一规划，决定以小流域为依托，以水土资源的开发利用为重点，从封山造林、恢复植被、建设梯田、兴修水利、改善基础条件入手，实行山水林田路村综合治理、规模开发。

——绿化荒山，改善生态环境。按照"山顶松柏槐，山腰干鲜果，山脚高效田，沟谷节节拦，路渠绕山转"的治理模式，山的上部开挖鱼鳞坑，缓坡修水平阶。根据不同立地条件，先封后造，共栽植各种用材林 200 万株，发展经济林 8 万多株，使 11 座山头 200hm$^2$ 荒山全部绿化。

——建设梯田，强农固本。坚持不懈地大搞农田基本建设，把全村 33.87hm$^2$ 跑水、跑土、跑肥的"三跑田"全部建成了平整的保水、保土、保肥的"三保田"。

——劈山修路，打开山门。过去进出房干村的是一条"驴驮挤破鞍，人扛磨破肩"的羊肠小道，交通不便，信息闭塞，严重制约着房干经济的发展。房干人顶严寒冒酷暑，劈山凿石，遇水架桥，共建大小桥涵 120 座，修环山公路 35km，不仅使通向村外的公路成为平坦的柏油路面，而且山山通上了汽车。

——层层拦蓄，发展灌溉。本着除害与兴利相统一的原则，实行主沟道修筑骨干拦水坝、水库、塘坝，毛支沟闸谷坊的办法，从沟头至沟尾，层层设防，做到拦沙于坝、蓄水于库，缓洪保土、节节拦蓄，渠系配套、发展灌溉，先后建成了下沟、苇沟、许家沟、桃园等 8 座水库，总蓄水能力达 178 万 m³，配套修建防渗渠道 24 万 m，使全部田地自流灌溉，家家用上自来水，实现了"山区无旱田，山村水利化"。

### 三、再谱新曲

房干小流域在综合治理的同时，充分发挥自然优势，大力调整产业结构，进行深层次的治理开发，奏响了建设高效小流域的三步曲。一是大力发展生姜种植。利用小流域水质好、无污染、无洪涝灾害的自然优势，努力把生姜发展成为小流域的支柱产业。目前，房干村家家户户种植生姜、大蒜，全村生姜种植面积达 20hm²，年总达 90 万 kg，仅生姜一项全村人均年纯收入 3200 元，一些村民靠种姜盖起了楼房，买上了汽车。二是大力发展工副业。根据当地劳动力资源丰富的特点，在产业结构调整中，注重发展劳动密集型及当地消化型产业，先后筹资办起了塑料制品厂、养鸡场、养牛场、冷库、白水泥厂等企业，年产值达 3500 万元。塑料制品厂经过几年的发展，可以生产塑料桶、塑料凉鞋、电表盒、塑料门窗等 15 种产品，年产值 800 万元，利税 80 万元，成为房干村经济发展的龙头企业。三是狠抓农业技术推广，提高小流域治理开发的科技含量。通过举办农民科技文化培训班，聘请山东农业大学专家讲课，大力推广节水灌溉、地膜覆盖、立体种植等实用新技术和优良品种。从 1989 年到 1991 年完成了果园品种改造，其中苹果改换为短枝红富士、乔纳金等优质品种，板栗采用换头嫁接技术，改换为青毛软刺、金丰等品种。自 1995 年开始，在不破坏植被和生态环境的条件下，有计划地将经济效益较低的用材林改造为经济林。全村人均占有用材林 4000 多株，果树 150 多株，等于人人在"绿色银行"里存了一大笔年增值的保险金。房干村发展小流域经济的同时，又非常注重保护生态环境。一些有急功近利思想的人，很想开采流域内的

"蛭石"矿，村两委考虑开采"蛭石"矿极易造成严重的水土流失，故一直没有答应。1984年有个单位想投资100万元在房干上漆包线项目，100万元对当时的房干村来说是一笔非常可观的资金，但漆包线须镀锌，造成环境污染。房干村两委通过权衡环境与发展的关系，坚定地认为发展不能以破坏生态环境为代价，决定漆包线工程项目不能上马，有效地保护了生态环境。

### 四、春华秋实

调查计算表明，一般年份房干小流域水资源拦蓄利用率可达100%，丰水年蓄水率达84.5%；每年减少泥沙流失量50万t，保土率达98%。生态环境的改善，使野生动物有了繁衍生息的场所，过去很难见到的画眉、百灵、丹鸦等鸟已开始在山林中安家落户，经专家鉴定，现已达到170多种。整个小流域呈现出一派山清水秀、鸟语花香、生机盎然的景象。2000年，房干村粮食总产达到15万kg，比治理前增长7倍，公顷产达10500kg，人均占有粮食270kg；土地利用率由治理前的84%，提高到92%；经济总收入达460万元，其中农业收入200万元，林业收入50万元，人均分配由治理前的82.4元提高到4500余元。房干小流域良好的生态环境，不仅有力地促进了小流域经济发展，同时也大大改善了房干的人文环境。村民全都住上了面积200m²的整齐、宽敞的二层别墅式楼房，安装了闭路电视、电话，购买了现代化的电器设备，街心小河变成了水上公园，道路两旁安上了路灯，绿化带三季有花、四季常青，村民活动室设备齐全，医院、学校都达到城镇水平。房干的山山水水为发展生态旅游业提供了良好的环境，房干人审时度势，抓住机遇，仅两年时间，开发了九龙大峡谷、金泰山等8处景点，被评为全省首批国家AA级旅游区，每年接待游客30万人，旅游业收入达300万元。

### 五、结　语

房干小流域发生巨变的根本原因，一是有一个科学的、切实可行的小流域综合治理规划，因地制宜、因害设防，以市场经济为导向，不断提高小流域治理开发的水平。实践证明，水土保持、生态环境建设只有以小流域为单元进行综合治理，才能符合自然和经济规律，才能保持治理开发的科学性和连续性。二是有一个团结拼搏的村级领导班子，组织广大农民坚持 20 年如一日，自力更生，艰苦创业，为开展水土保持生态环境建设进行了创造性的实践。

## 6.3　我国土地退化治理评价

### 6.3.1　还林还草政策的评价

1.1999 年 10 月开始，四川、陕西、甘肃 3 省率先启动了退耕还林试点工作，3 年多来，退耕还林工作取得了显著成效

（1）生态环境有所改善

① 减少了水土流失。坡耕地、沙化耕地退耕还林和荒山造林后，退耕还林项目结合小流域治理，实施过程中，通过挖鱼鳞坑、水平带等整地措施种植树木，明显减少了水土流失。据宁夏隆德水利局水保站观测，坡耕地退耕还林后，土壤侵蚀模数比退耕前降低了 11m³/公顷·年，约折 1400t/km² · 年。

② 减轻风沙危害。坡耕地退耕后实施围封，并辅以补植措施，2 年左右植被盖度将达到 30%～50%，即可有效地保护地表，减少沙化土地和沙尘源地。荒山荒地造林与禁牧相结合，天然植被覆盖度可迅速增加，在年降水量＞400mm 的地区，植被恢复速度

更加迅速。

③ 增强全民生态保护意识。退耕还林项目实施后，挖甘草、搂发菜的现象杜绝了，有效地保护了草原。在一些集中退耕的地区，生态环境已经有比较明显的改善。

(2) 促进了经济发展、增加了农民收入

退耕还林是一项富民的德政工程，政府发放的经济补偿使项目区农民增加了收入。在内蒙古和宁夏，1 亩退耕地每年可获补助粮 100kg，生活补助款 20 元，补助总额在 100 元以上，退耕前种植粮食的年收益约 50 元，即退耕后的收益比退耕前高出 1 倍以上。

在内蒙古、宁夏，退耕还草的土地，每年至少可收获苜蓿鲜草 500kg/亩以上，产值 100 元以上，是种粮收入的 2 倍以上。宁夏同心县，项目区人均增加优质饲草 570kg，或增收 114 元；1999—2002 年，彭阳县依靠退耕地上产出的饲用灌木和饲草，增加舍饲量 8 万个羊单位，畜牧业增加收入 3010 万元，全县人均增收 122 元。

退耕还林工程的实施，还促进了苗木生产，宁夏彭阳县年出圃商品苗木 4200 万株，苗木收入达 3000 万元，人均获利 122 元。项目区退耕地栽植的山杏、毛桃，再过 3 年进入挂果期后，可产生可观的经济效益，如果因地制宜地发展药材，经济效益将更好，还有利于保护生态，减少乱挖滥采中药材。

退耕地区农民不仅通过国家的粮食补助和现金补助，保障甚至增加了原先退耕地上的收入，而且退耕以后有更多的时间进行其他方面的生产和劳动，增加了就业和收入渠道，大多数退耕地区，农民收入普遍增加。

(3) 促进了农业结构的调整和地方经济的发展

退耕还林以后，种植业改变了粗放经营的模式向集约化方向发展，不少地区由原先粮食生产为主，逐步转向林特产、畜牧业发展，同时推动了二、三产业的发展。退耕地上种植的可饲用的柠条，及间种的苜蓿等牧草，增加了优质牧草的来源，配以禁牧措施，促进了舍饲畜牧业的发展。例如，鄂尔多斯市项目区舍饲牛羊发展了 30 余万头（只），内蒙古乌兰察布和宁夏南部山区的舍饲畜牧业亦得到了迅速发展。退耕还林还草工程以防治土地退化为出发点，通过对坡耕地，边际地的退耕还林还草，从而保护并改善当地环境，提高全社会的效益①。

2. 退耕还林还草工程在具体的操作过程中存在一定的问题

（1）在林种选择上存在重林、轻草，重经济林、轻生态林的倾向

政府关于退耕还林的补助规定是：退生态林粮款补助 8 年，退经济林粮款补助 5 年，退草粮款补助 2 年。为了最大限度地享用补助政策，一些适合种草的地方会选择种植林地的做法。

在干旱、半干旱地区，水是自然环境中最关键的要素和农业生产中最稀缺的资源，退耕还林应围绕着水分条件这个中心，以近自然和更能发挥自然力作用的方式来配置植被类型。为此，建议退耕还林工程主管部门，一方面，制订和完善适宜于干旱、半干旱地区的退耕还林技术规程和技术政策，进一步放松对退耕地上的林木株数的要求；另一方面，鼓励各地更多地采用合乎自然条件的植被恢复方式。

（2）有关粮食、现金和种苗补助政策

在退耕还林项目实施的初期，粮食和现金补助的发放存在着个别的违规现象，主要是退耕农户应得到的粮食和补助金不能完全按政策规定的数量标准兑现。随着退耕还林政策宣传的深入和发放制度的不断完善，特别是对违规事件的严肃处理，粮款补助

---

① 以上数据来源国家林业局退耕还林试点工作总结。

如数兑现问题已基本得到解决。目前，粮款发放不够及时、粮食质量不达标、农户领粮食不够方便等问题仍存在。

建议退耕还林工程主管部门，对粮款发放的期限和供粮的适宜距离做出规定，选定与退耕还林项目的实施没有利害关系的机构作为投诉单位，并在农户的购粮本上公布投诉单位和举报电话，以利于加强群众监督。

在内蒙古和宁夏，种苗补助款均由林业主管部门统一管理和使用，设立专户，专款专用，林业部门通过公开招标的方式选择供苗单位，并林业部门无偿地向农户提供种苗直至补植完成。调研中了解到这种做法农民可以接受，但有些地方存在供苗质量偏低和农民自掏补植费的现象。

（3）可持续发展问题

内蒙古和宁夏的退耕地平均粮食产量多为 50 千克左右。由于黄河流域均执行每亩退耕地补助 100 千克粮食的政策，因而广大农户都乐意退耕。从短期看，退耕还林有利于贫困农户增加收入，甚至脱贫，地方政府和农民皆大欢喜。问题是：倘若 8 年后农民仍然以这些土地作为收入的来源，而这些地块不再有 100 千克粮食和 20 元钱的补助后，如何保持农民的收入继续增长或稳定呢？

从地方主管部门到农民对工程眼前利益比较关注，而对后续产业的发展考虑不多，甚至不太关心，农民相当程度上存在走着看的心态，因此，八年以后退耕还林的成果能否稳得住的问题不容乐观。

（4）资金配套政策

现行退耕还林工程的资金来源，由中央负责粮食、现金和种苗补助金，其他费用由地方政府负责配套。退耕还林项目主要集中在经济落后的贫困地区，地方财政多无力承担配套资金，以致存在挪用其他资金来应急的现象。有些地方由于配套资金不落实造成工作经费不足，影响工程正常管理工作的运行。

建议国家对配套资金适当给一定比例，按当地的财政收入不同来考虑。因为这两个基金本来就是为一个项目服务，少了任何一个都会使项目的开展受阻。

（5）地方政府效用函数与实际效用函数有偏差问题

作为退耕还林还草工程的直接管理和决策人的各级地方政府，它们的效用函数是追求政绩，由于现阶段国家对退耕还林还草工程的考察主要从退化耕地面积完成任务，林地成活率等指标来进行。这种结果导致部分地方的领导把一些好的耕地退耕还林，一方面提高了退耕地面积，另一方面也提高了林地的成活率；而那些真正要退耕的坡地、边际地，由于地力贫瘠，地处偏僻，造林后成活率不高，领导也很少会去视察。

建议增加坡地，边际地退耕还林还草指标，要求国家对坡地边际地进行资源清查，同时对各地的把好耕地退耕的做法进行严格处理。

退耕还林还草，作为一项具有"积极的"或"正的"外部性经济活动，在政府的大力投资下（由于1998洪水损失太大了，不仅仅是在经济上，而且还在政府信用上）搞起来了，农民由于有很大的实惠而积极响应。根据徐晋涛（2002）调查的结果，案例县都达到或超过国家计划下达的数量，从各省统计来看，超计划完成的情况要多一些。这主要原因是农民得到了实惠，而政府官员得到了政绩。所以国家林业局项目主管部门不停收到各地要求增加指标的要求。国家面对这种热情的回应是更热情，退耕还林还草从1999年的3个省试点到2000年的17个省、2001年的20个省、2002年的25个省，根据规划将达到30个省。

我不是不喜欢农民增收，我也不是不喜欢林草的增加，我也知道矫枉必须过正。但我觉得退耕还林还草是不是太快了。从1999年到现在也就4年时间，试点的成功与否还远远不能下结论，现阶段的农民增收是建立在国家的补贴基础之上。我们没有理由保证 5~8 年之后的林地经济效益要比耕地好，甚至我们还没有理由保证 5~8 年后农民不会把林地开垦，因为耕地是维护农民粮食安全的命根，在土地退化的贫困地区，这个显得更重要。如果到时候退耕还林的结果是毁林开垦的话，在现阶段我们是不是放慢一点退耕还林的步子。

退耕还林作为一个新生事物，我们要不断总结经验。面对在各地出现的新问题，国家要及时做出政策调整。同时退耕还林作为一项系统工程，要把退耕还林同调整农林牧业结构、加强农田基本建设、发展农村能源、实行生态移民以及封山禁牧、舍饲圈养等配套措施结合起来，走一条生态改善、经济发展、农民增收"三赢"的路子。要把退耕还林与农民的吃饭、烧柴、增收以及地方经济的发展紧密结合起来。

我国西部生态环境的恶化已是不争的事实。近些年来，水土流失、沙漠化、森林减少等现象日益严重，在西北一些地区，还出现了"沙漠向农区推进，农区向牧区推进，牧区向林区推进，雪线向山峰推进，污染向河流推进，植被覆盖率下降，森林面积减少，降水量减少，冰川储量减少，河川径流量减少"的所谓"五进五少"的现象。

生态环境建设的两项重要内容就是退耕还林与天然林保护。由于西部地区的天然林面积相对狭小，林区多为国有经营企业，政策的操作相对简单，就是在减少采伐时扩大新的就业门路和给予林区企业以一定的扶持政策。与天然林保护的少砍树相比，退耕还林宜立足于多栽树。西部退耕还林的覆盖面相对较大、涉及的人口较多，且所在范围生态环境相对脆弱，退耕还林对于整个西部地区的生态建设意义重大。

一般说来，退耕还林能否具有可持续性则取决于 3 个前提。一是退后还植的林草的经济价值能否超过耕地上产出的粮食价值。如果林草的价值低于粮食的价值，则农民还林还草的积极性就不高。或者会采取机会主义的做法，先是退耕还林以套取国家的粮食和现金补贴，在国家政策松弛下来后毁林毁草复耕。

### 3. 环境与人口的关系

退耕还林政策并不能一劳永逸地解决西部地区的环境问题，因为西部地区的环境问题并不单纯地表现为森林面积的减少和耕地面积的增加，不是单纯的"退林还耕"造成的，而是与人口增长相联系的，所以探讨解决西部的问题时也需要"从源头抓起"，有必要探讨环境与人口之间的关系。

事实上，目前退耕还林之所以成为国家政策关注的一个焦点问题，在很大程度上正是由于人口不断扩大时人口的粮食消费需求大幅度增长。而且在西部地区，越是不发达的地区，人口的增长速度越快。在整个黄土高原，1949—1995 年，人口的增长为163.8%，而全国在此期间的人口增长率只有 125.6%。1953 年，西北五省区的人口占全国总人口的比重为 5.97%，但到 1999 年已经上升到 7.14%。

西部地区的人口增长速度更快，对于环境产生了更大的影响。而西部地区的土地相对贫瘠，气候条件尤其是降水在年际之间变化很大，粮食生产的稳定性很差，广种薄收的现象普遍存在，就是因为能够以丰补歉、减少粮食经营的风险。另一方面，在西部地区农民的职业选择空间有限而且收入水平较低的状况下，种植粮食的风险较低而且技术要求不高，在农民家庭面临支出方面的困难时，粮食可以通过变卖而转化成货币，以应付农民家庭在孩子就学、婚姻、建房等多方面的支付需要。在粮食与货币可以互换的情况下，积累粮食等同于积累货币。所以广种薄收是符合农民的行为偏好的。既然不发达地区多与条件恶劣的区域联系在一起，在优质耕地有限的情况下，索取粮食的压力就使得农民的开垦方向会选择那些自然保护条件恶劣的沙荒地或者陡坡地。不言

而喻，农民家庭的子女越多，生存与致富的压力就越大，也就越
有开垦更多耕地的冲动。目前北方形成的沙漠化土地有 1700 万公
顷，在造成沙漠化扩张的因素中，过度农垦、过度放牧、过度樵
采 3 项所占的比重高达 85.1%，由水资源利用不当形成的占
8.6%，而真正由于风力作用的只占 5.5%。所以环境的恶化首先
是人们经济活动的结果。

除此而外，人口的过快增长还导致贫富之间的差距趋于扩大。
1989 年，落后的宁夏南部山区的人口占宁夏全区的 43.7%，国内
生产总值占全自治区的 12.9%；而到 1998 年，该区域的人口增长
到占全自治区的 44.8%，而国内生产总值降低到 12%。1953 年，
宁南山区 8 县人口密度为 23 人/平方千米，略高于联合国划定的干
旱地区人口承载的水平（20 人/平方千米），但到 1998 年，这一区
域的人口密度已经达到 75 人/平方千米。在整个区域人口密度增
大的同时，人均占有耕地等资源的数量被新增人口不断稀释。一
方面，生存的负担在不断加重，从而需要毁林毁草开荒；另一方
面，在人口迅速增加的状况下，教育和子女养育的负担也在加重，
辍学、就业困难等社会矛盾也在加剧，贫困不但表现为收入上的
低水平，而且表现为教育、文化等方面的低水平。贫困与垦殖的恶
性循环无休无止，环境的恶化就不可阻挡。贫困严重、环境恶化、
文盲众多的问题难以得到解决，使得贫困地区越来越远离现代化的
进程；而西部贫困地区出现的诸多问题，都与人口增长较快有关。
"载不动，许多愁"在很大程度上源于"载不动，许多人"。

（1）人口增长的根本原因

从发生学的观点来看，西部落后地区的人口增长相对较快有
其必然的原因。在不发达地区，就是有那么多人愿意多生育子女！
问题恐怕应该从以下几个方面去寻求答案。一是生育多个子女比
生育一个子女可以得到更好的赡养保证。在一个自然条件较为恶
劣的地区，多子多福、养儿防老的观念还是深入人心的。越是不

发达地区，农民对于未来的养老越没有安定感。从农民的角度看，育幼的目的是为了防老。由于不发达地区的环境相对恶劣，农民生产的强度较大，农业剩余十分有限，如果 1 对夫妇生育 1 个子女，则意味着下一代的单个家庭在未来要赡养 4 个老人，对于不发达地区来说，这样的经济负担显然是十分沉重的。多生儿育女就可以将养老负担让多个家庭承担，从而分散了老无所养的风险，也使得每个家庭的养老负担相对降低。假如赡养一对老人的生活费用每年为 1000 元，若父母只有一个儿子的话，则其负担会为 1000 元，假如有两个儿子的话，每个分担的费用只有 500 元。二是在不发达地区，农村的医疗卫生相对较差，如果农民的子女有一个生病或者出现其他意外，还有其他子女可以顶上，养老的责任总是有人承担的。三是如果在众多的子女中能够产生 1 个出类拔萃者，父母不仅可以得到养老而且享受到的养老条件会更好。多生育子女意味着出现出类拔萃者的可能性增大。可见，无论是从哪一方面讲，多生儿育女都是与现在的养老模式联系在一起的。

但是，对个人有利的事情不见得对全社会有利。在不发达地区的农民具有相同的价值选择时，人口的更快增长就难以避免。与此同时，在人口过快增长的背景下，每个家庭拥有的资源数量将迅速减少。比如，人均耕地会因为人口的增加而减少，而家庭的增多和房屋的多建相应又侵蚀了耕地的数量。在其他因素不变的状况下，单个家庭拥有的经济资源相应减少，提供的养老剩余当然不会因之必然增加甚至有所减少。由此可见，在单个家庭看来，多生育子女所期望形成的 1 加 1 大于 1 的赡养效果，从全社会来看是不能成立的，而由此生育行为对生态环境造成的冲击与破坏，以及在增加社会负担方面的效应，注定会出现 1 加 1 小于 1 的结局。在人口生育的数量日益增加的状况下，下一代的生存环境将日益恶化，而养老的负担将显得更为沉重。

（2）控制人口的关键在于退生还养

现在看来，贫困地区的多生育的表象是生的方面，但问题的实质是在死的方面。如果能够截断子女出生与父母养老之间的联系，使父母的养老不再成为问题，多生多育的积极性就会大大地下降，因为教育和养育子女也是要花费成本的，而且在父母抚养子女成人后能否在晚年得到养老的回报带有很大的不确定性，毕竟子女能否养老与子女的生活能力、家庭负担和赡养意愿都有很大的关系。那么，既然贫困地区的个人养老不能单纯由子女解决，能否将其转化成由社会来加以解决呢？

目前，国家对于农村的养老政策体现在以下若干方面：个人缴费为主，建立个人账户，突出自我保障，不给政府背包袱。在这个政策的框架下，农村养老政策显然是主要面向发达地区和沿海地区。由于存在着嫌贫爱富的倾向，对于最需要养老的贫困地区，明显地带有某种歧视的意味。另一方面，解决不发达地区的人口、环境与发展的问题需要控制人口，实行有效的计划生育政策。目前，国家的政策是强制性的计划生育政策，但是由于西部地区面积广大、地形起伏、居民点相当分散，行政管理和控制相对较难。在农民具有很大的理性选择的基础上，他首先考虑到的一个问题是，计划生育政策对于我自己有什么好处？特别是在农民的养老问题没有得到妥善解决的状况下，强制性计划生育政策推行的效果往往很不理想。

然而，从国外的经验来看，养老政策的重点是由个人养老向社会养老的方向转移，而社会养老在很大程度上是带有一定的福利的性质。在农村养老政策逐步加以调整的过程中，对于贫困地区农村的养老必须予以充分的重视。如果社会养老不面向贫困地区，这些区域的农民就会依赖于原来的养老渠道，生育模式就不会发生大的改变，生态环境恶化的局面就可能难以扭转。可见，应该把计划生育与社会养老结合起来加以考虑，实行诱导性的计划生育政策，解决人口增长过快的问题于是就转移到解决养老问题上。这里强调的诱导性政策是有选择的养老政策或者说是与计划生育相联系的养老政策，而不是面向所有对象的养老政策。这样的政策也就是这里强调的退生还养的政策。"你计划，我养老"，是这一政策的典型特点。需要指出的是，贫困地区的养老与其他地区的养老可能不一样，应该不是一种完全市场化的养老方式，而应该是农民支付较少而收益较多的福利性养老模式。因为农民减少生育首先是以减少自己福利和服务于社会为出发点的，理应得到社会一定价值的回报。

既然我们把合理化的养老模式确定在社会养老的基础上，政策的实行自然需要全社会形成合力。在具体做法上，可以采取以下几种方式来筹措、设立计划生育养老基金。

一是将减持国有股的部分资金划转过来。可以将以国有股减持等形式筹措的社会保障资金划分出一部分用于贫困地区的计划生育养老基金。在过去的计划经济时代，国家采取了重工轻农的政策，通过价格剪刀差剥夺农业与农民，并且通过输出城市人口来转嫁就业压力，使农民的利益受到很大的损害。从历史的形成看，今天国有企业的固定资产无疑有农民的贡献在内，所以在市场经济体制下进行国有股减持时，给予农民一定程度的补偿是合乎逻辑的。

二是变更国家扶贫资金的使用方向。目前，国家每年都拨出大量的扶贫资金，但这样的扶贫资金往往形同"天女散花，随风飘散，不知飞到谁家"。扶贫究竟是扶项目、扶人还是扶教育、扶基础设施，往往带有很大的不确定性，核查起来也十分困难。扶贫资金在使用过程中被侵占和挪用的状况相当普遍。在目前扶贫资金使用效率不高的现实背景下，可以考虑将一些扶贫资金划转到计划生育养老资金中，由扶贫到扶老，使资金的使用方向和用途更为明确，且在执行政策的过程中易于监督。

三是可以考虑出售二胎生育权。目前，一些先富起来的城市和沿海居民有着生育二胎的强烈愿望，甚至有些人不惜转换护照身份、漂洋过海到国外去生育第二胎，可以考虑将二胎生育权按照一定的价格向城市和沿海发达地区农村的居民出售。出售的收益可以用于补充农村计划生育养老基金的不足。

四是农民自己缴纳一部分资金。但是对缴纳的数量应该设置一个相对较低的标准。

五是通过社会捐赠等形式筹措基金。

诱导性计划生育与强制性计划生育模式比较起来，具有以下优势：一是执行与不执行计划生育政策在老百姓的个人收益上表现出一定的差距，对于一些农村居民有较大的吸引力；二是政策带有引导性而非强制性，执行起来相对容易；三是具有明显的示范作用，在执行与不执行政策的居民之间形成利益差别；四是基金可以在证券市场运作，以保持其保值和增值。基金的管理有必要按照市场经济的模式进行，在独生子女的父母亲进入老龄阶段时，从基金中拿出一定数量的现金逐月逐年发放给独生子女的父母。

需要指出的是，过去在人口迅速增多的贫困地区，国家曾经实行了一定的吊庄移民政策，即将一些居民移到生态环境较好的地区，但是，没过太久，新出生的居民就弥补了原来移走的人口缺口。在贫困地区的发展上，至今仍有不少专家提出应该异地移民，但如果本地居民的生育惯性不发生变化，移民脱贫的解决办法只能是扬汤止沸而已。对照来看，退生还养则是一种釜底抽薪的方式，是减少人口增长的相对更为合理的途径。如果人口增长速度放慢，毁林开荒的积极性会大大降低，退耕还林的成果就更能得到延续。另外，退生还养政策应该与其他政策配套进行。比如，在农村，虽然政策鼓励计划生育，但是在独生子女与非独生子女之间的政策上没有明显的差别。可以考虑由国家出台一些面向独生子女的教育、医疗方面的优惠政策，在独生子女与非独生子女之间拉开档次，比如，可以考虑对独生子女赠予医疗保险；对于领取独生子女证明的年轻父母，免费或者廉价提供计划生育药物、用具。

（3）把退耕还林与退生还养结合起来

解决西部地区的环境问题与解决人的问题密切相关。退耕还林主要涉及人与自然关系的调整，着眼于增加西部地区林草数量，增加对于西部地区的绿色的供应，算的是加法；而退生还养则着眼于调整西部地区人与人之间的关系，着眼于减少人口的增长率甚至于减少人口的数量，减少对于西部地区粮食和相应的坡耕地的需求，算的是减法。如果只有退耕还林，而人口增长趋势仍然保持不变，在土地面积有限的状况下，人口的压力迟早会增加到抵消退耕还林效果的地步，甚至出现退而复耕乃至于新的毁林毁草开荒。如果只有退生还养，环境的自我恢复过程将比较缓慢，土地耕垦对于生态环境的破坏就很大。因而退耕还林需要与退生还养相结合。而退生还养与退耕还林都会对西部地区的发展产生正的外部性，会影响到西部地区整个经济与社会生活的方方面面。

从生物学角度看，估算一个地区生态环境好坏的最简单的指标是人均植被拥有量，就是将一个地区的总的植被面积用总人口去除。退耕还林的政策可以使分子增加，退生还养政策可以使分母减少，将退耕还林与退生还养政策结合起来，可以使区域的环境供给水平大大提高，而人的需求水平相对降低，从而使区域的经济、社会、环境相对协调地发展，在西部大开发中促进西部地区居民福利水平的改善。

最后要强调的是：由于自然条件的约束，西部的广大区域不大可能出现江南水乡式的田园风光；但是，以中国人的智慧，西部广大的居民区也绝对不可能变成沙漠，西部将会成为西部人安居的乐园，成为中国其他地区生态稳定的牢固基础。

## 6.3.2　三北防护林建设政策的评价

**1. 20 年来，在我国有关部门和人员的共同努力下，三北防护林取得了较大成就，主要表现在三个方面**

（1）生态环境得到了大大改善

到 2000 年，三北地区的森林覆盖率从 5.05％提高到 6.62％。京、津、辽、吉、黑等五省市基本形成了省级防护林体系框架，有 73 个县初步建成县级防护林体系。

从新疆到黑龙江的万里风沙线上共营造防风固沙林近 500 万公顷，20％的沙漠化土地得到初步治理。营造牧防林 37 万公顷，使 1000 多万公顷的沙化、盐渍化和严重退化的牧场得到保护和恢复。在沙区开辟牧场、果园 133 万公顷，数以百万计的农牧民在沙漠绿洲中安家落户。榆林、赤峰等一些重点治理区，实现了由沙进人退向人进沙退的转变。毛乌素、科尔沁两大沙地林木覆盖率分别达到 15％和 20％以上。

在黄土高原和华北山地等重点水土流失区营造各种水土保持林 553 万公顷和水源涵养林 110 万公顷，新增水土流失治理面积 14 万平方千米，使黄土高原 40％的水土流失面积得到了初步治理。山西省昕水河流域土壤侵蚀模数由 7604 吨下降到 4150 吨；燕山山地的水源涵养林建设不仅提高了水源涵养能力，而且使潘家口和密云两大水库泥沙入库量分别减少 20％和 60％。

在农区，以营造农田防护林为主，累计营造农田防护林 213 万公顷，有 2130 万公顷的农田得到了林网保护，使 64％的农田实现林网化。东北平原、华北平原、黄河河套、河西走廊、新疆绿洲等地区建成了跨省（区）集中连片的大型农田防护林体系，为粮食稳产高产提供了必要的条件。近 10 年来，东北区、甘新区、内蒙古及长城沿线区粮食平均亩产和总产增长幅度在全国 9 大农区均居前三位，农田防护林发挥了重要作用。

（2）带动了经济发展、提高了农民收入

三北地区已发展经济林 369.1 万公顷，建设了一批名、特、优、新果品基地，年产干鲜果品 1255 万吨，产值达 169.8 亿元。辽宁省三北防护林建设区现有干、鲜果品经济林 25 万公顷，年产量 202 万吨，建设区已有 20％的农户依靠经济林脱了贫。甘肃省三北工程区年产果品 100 多万吨，10 个县林果特产税超过 500 万元，有 28 万户年林果收入超过 3000 元。陕西省建成了苹果、花椒、柿子、核桃、梨、红枣、山杏等 8 大经济林基地，面积达 70 万公顷，年产各种干鲜果品 39 亿多千克，产值近 60 亿元。而整个三北防护林工程 23 年国家投资为 36.68 亿元，现在仅陕西省干鲜果品一年的收入就相当于国家 23 年投入的近一倍。

（3）带来了很好的社会效益

三北地区森林蓄积已由 1977 年的 7.2 亿立方米，增加到近 10 亿立方米；营造薪炭林 91.2 万公顷，解决了 600 多万户农民的烧柴问题。营造的牧场防护林保护和恢复了大面积草场，牧草产量增加 440 多万吨；营造的 500 万公顷灌木林和 700 万公顷杨、柳、榆、槐树的枝叶为畜牧业发展提供了丰富的饲料资源。内蒙古自治区三北建设区的森林蓄积量已达 1.8 亿立方米，其中，人工林的蓄积量 6446.5 万立方米，是新中国成立初期的 2.5 倍，从根本上解决了农、牧民的生活和生产用材。另外还直接带动了相关产业发展。依托林业资源开展的多种经营项目 2600 多个。

我国三北防护林体系长达 4480 千米，已成为阻止风沙南侵的绿色长城，它是全球环境建设和保护的重要组成部分①。

各地在三北防护林体系建设的实践中积累了丰富的经验，走

---

① 以上数据来源：国家林业局文件 三北防护林体系建设第一阶段暨三期工程的成就、经验及问题。

出了一条有中国特色的防护林体系建设的路子。一是建立了国家补助、地方配套、多方集资、群众投劳的投入机制。二是十分重视用党的政策调动广大干部、群众和各行各业的积极性，形成了全社会协同共建的局面。三是从三北地区地域辽阔、差异性大的实际出发，实行因地制宜、因害设防、分类指导的技术方针。四是从建设线长、面广、量大、财力有限的实际出发，按照先易后难、由近及远、择优扶持、突出重点的原则稳步推进。五是从工程资金严重不足和三北地区经济贫困的实际出发，调整林种、树种和产业结构，把防护林体系建设同当地群众脱贫致富奔小康结合起来，增强他们持续投入的积极性和承受能力。六是从三北地区自然条件严酷、造林难度大的实际出发，特别重视依靠科技推广提高工程建设的质量和效益。

### 2. 三北防护林还有一些问题需要关注

（1）林草误区

西北的干草原、荒漠草原和荒漠区占总面积的 90％以上，也就是说，绝大部分地区适于旱生草、灌生长，乔木只能生长在高海拔山地，或有地上、地下或人工补水的地方。故在西北一些地方不要搞一个模式，更不搞"一刀切"，应按照不同的地理环境和气候条件，确定相应的目标和任务，宜林则林，宜草则草。

（2）管理手段落后，管理难度加大

目前，三北地区尚未建立监测管理网络信息系统，检查、验收还停留在人工现场调查的基础上，即费时费力，又造成人为误差，致使资源不清，不能及时。客观反映工程建设成果，难以有针对性地进行计划调整和制订下一步的规划。

（3）投资严重不足，制约工程质量

三北防护林工程建设实行国家补助、地方配套、群众投劳的投入机制，国家专项资金的投入水平很低。一些林场种树越多，赔得越多，农民出钱、出力、出草而难有收益，眼前利益和积极性是个问题。

建议国家应该加大投资，不足的部分应该又国家政府出面，同三北防护林建设和受益的省区市有关领导进行协商，按照谁受益、谁出资的原则来保护三北防护林工程现有的成果。

同时由于三北防护林工程也是一个对全球环境很有益处的工程，可以去申请国际组织的低息或无息贷款。

最后我国也应花大力气进行林产资源的开发利用，将单一造林绿化型的生产结构，调整为造林绿化、木材生产、林产工业、多种经营几大支柱并举的经济结构，建成能够体现多形式开发、多项目增收、多层次增值的产业体系；对于生态林建立防护林体系生态效益补偿费制度，从而逐步实现"以林养林"的可持续发展态势。

## 3. 几点建议

### (1) 强化政府行为，加强对工程建设的领导

强化政府行为，一个重要的方面，就是各级要有可行使政府职能的、专门的组织管理机构。三北防护林这项跨世纪、跨地区、跨部门、跨行业的大型生态建设工程，协调任务很重，不是单靠某一行业部门能够承担的，没有更高层次的领导和组织协调，很难搞好。早在 1979 年 11 月国务院成立了三北防护林建设领导小组，由有关部委和三北地区各省（市、区）的领导同志组成。领导小组多次开会，研究确定三北防护林建设的重大问题，行使着中央政府的职能，有力地推动了三北防护林体系建设。但在 1988年清理非常设机构时，国务院撤销了领导小组。建议尽快恢复国务院三北防护林体系建设领导小组。各省（市、区）也应有相应的可行使政府职能的协调组织，并有专门的组织管理机构。比如像各省（市、区）的绿化委员会，可代表政府行使一些对造林绿

化的政府职能，而省（市、区）林业厅（局）则为专门的组织管理机构，行使行业的组织管理职能。其次，就是要建立健全省长、市长、县长、乡长任期目标责任制，将工程建设任务落实到各级领导干部身上，并作为政绩考核的重要内容之一，实行一票否决制。

（2）积极争取国家对生态工程的进一步投入

随着市场经济的推进，以生态建设为主的三北防护林工程的高投入，低回报率的特点越来越明显。无论在京、津经济较发达地区，还是在西部的贫困落后地区，除营造一些经济林木外，农民群众个人造林投入已不多见。据调查，在三北一期建设中，农民个人造林比重处于主体地位，在二期建设的前 5 年，个人造林的比重仍占到 50％以上，此后呈现出持续下降趋势，至今已降至不足 20％，其中原因就是受比较利益的驱动。按目前的排序，从事商业、建筑运输业、采矿业等的比较利益一般高于防护林建设，即使是农业，随着粮食价格放开，比较利益也明显上升，防护林建设的比较利益低，对工程建设主体的农民来说，造林在可选择的生产项目中排在较低位次。从现在开始的三期工程，5 年规划造林 400 万 hm$^2$，建设的重点已由一、二期的"先易"转入"后难"，地块越来越偏远，立地条件越来越差，一些石质山区还需采取爆破造林或客土造林，造林前的整地工程量任务越来越重，成本越来越高，难度越来越大，再加上一、二期成果的巩固所需（包括调整林种、树种结构、病虫害防治、森林防火、低质林改造、森林抚育及相关的设施建设等），若仍按一、二期国家专项投入水平（规划批复数 17.3 亿元，而实际到位数 9.57 亿元），已显然不能维持。按照三期规划，400 万 hm$^2$ 造林任务需投入 78.57 亿元，即使国家只负责苗木费用，工程整地、造林、管护等其他费用由地方配套和群众投劳解决，每 hm$^2$ 苗木款按 750 元计，国家 5 年应投入 30 亿元，即每年 6 亿元。因此，在坚持实行多渠道集资、全社会共建，要求地方增加配套投资，鼓励农民投工投劳的同时，国家应在利用财政、税收、价格、信贷等经济杠杆的调节功能进行收入的再分配时，进一步加大对三北防护林建设的投入。

争取国家投资力度的加大，还需要我们工程管理部门做大量的工作。这就是进一步扩大宣传，邀请全国人大、政协有影响力的人物，以及国家计委、财政部、税务总局的领导，考察三北防护林体系建设，以增加有关方面关键人物对生态工程建设的再认识。

（3）建立防护林体系生态效益补偿费制度

按照工程总体规划，三北防护林体系建成后，生态效益的总价值量将达到595.9亿元/年。目前，三北一、二期工程已实现了预期建设目标，以完成任务占三北建设总任务51.99％计算，生态效益价值为309.8亿元/年。然而，三北工程所面对的是：生态效益还难以作为有约束力的经济资源进入市场，仍作为一种唾手可得的自然资源被无偿利用。在当前国家投入严重不足的情况下，这就为防护林建设的可持续发展带来一系列问题。因此，寻求稳定的防护林建设与管理的政策性资金来源越来越迫切，而建立防护林体系生态效益补偿费制度，是一条可行之路。

首先，有政策和法律依据。《中华人民共和国森林法》及其实施细则，中共中央国务院《关于保护森林发展林业若干问题的决定》中都有过建立生态效益补偿费制度的相关规定；近年来，国务院在有关文件中多次指出"要建立林价制度和森林生态效益补偿制度，实行森林资源有偿使用"，"按照资源有偿使用的原则，要逐步开征资源利用补偿费，并开展对环境税的研究"。中央领导也曾做过多次指示，如姜春云同志指出："各地要根据林业建设的特殊性，逐步建立森林生态效益补偿费制度，以形成相应的林业生产效益补偿机制，使林业建设步入良性循环"。由此可见，建立防护林体系生态效益补偿费制度是有充分的政策依据的。同时，也有成功的经验可以借鉴。如三北地域内的辽宁、内蒙古，地域外的四川、浙江等省（区），以上述政策为依据，制订了向社会征收森林资源补偿资金的办法。尽管这些办法不完全相同，征收范围、标准、环节以及使用管理制度等也不尽一致，但都体现了"林业为社会，社会办林业"的原则。这些办法的实施，不仅多渠道地筹集了林业建设资金，加速了林业事业的发展步伐，而且也唤醒了社会各界对林业的认识和支持。从实践来看，建立防护林体系生态效益补偿费制度是可行的。

（4）建立三北防护林建设基金制度，并为成立林业生态工程开发银行创造条件

依据国务院国办通（1988）34 号批复林业部关于建立林业基金制度的规定，应积极争取早日成立三北防护林建设基金会，建立三北防护林建设基金制度。广开渠道，多方筹措的用于三北防护林建设的资金，纳入建设基金，可考虑包括：国家预算安排的部分拨款、征收的防护林建设生态效益补偿费、三北防护林资源开发收入、接受的各种捐赠款、防护林建设基金管理机构向金融机构借入的资金、防护林建设基金的增值部分。制定防护林建设基金管理办法，规范防护林建设基金管理，以保证防护林建设基金的稳定来源及合理有效使用。积极争取国家在信贷方面对防护林建设的支持，用好用足林业贴息贷款和治沙贴息贷款，同时，在调查研究的基础上，为成立林业生态工程开发银行创造条件，以减少和避免目前经济利益格局下防护林建设资金不必要的非政策性流失。

（5）扩大对外合作与交流、引进利用外资

三北工程是一项享誉世界的生态工程，在国际上有一定的影响。自工程建设以来建设局涉及这项工程的外援项目，却只有世界粮农组织和比利时政府无偿援助的代号为"009"的"中国三北造林科研规划与发展项目"，一期建设 1990—1996 年，援助资金

450万美元，国内配套1200万元人民币。据不完全统计，近些年来，在三北地域上的、直接与地方接洽的、以林业建设为主要内容的外援项目已达十几项，援助资金折合人民币逾4亿元，且绝大部分为无偿投资，加上国内配套，建设总投资达5.4亿元人民币，应该说为三北地区的林业建设注入了不少活力。因此，我认为作为宏观管理部门的三北防护林建设局，应该借鉴学习各地方部门的协调能力和协作精神，进一步解放思想，扩大开放，增强国际的合作与交流，争取国际社会更多的经济技术援助，促进三北工程建设的可持续发展。

（6）按项目管理，抓重点工程，切实让有限的资金发挥最佳的效果

上面谈到，三北防护林体系这项以生态建设为主的工程需要国家加大投资力度，即使国家按所需苗木款补助资金，仍有相当大的缺口。因此，如何让有限的资金发挥尽可能大的效果，这就要求工程建设管理部门切实将这项建设当作重点工程来抓。严格按项目管理，真正做到规划、设计、实施、验收、竣工环环相扣，计划、财务、资金、档案严格管理。对三北防护林建设局应确定大的重点项目，应集中力量，集中资金，一抓到底。各省再根据所确定任务，逐级分解，打破一、二期建设所形成的投资基数。对所确定的重点项目、国家投资、地方配套、群众投劳要有相应的制约手段，以确实保证对工程建设的投入。涉及地方上的造林，可根据轻重缓急，地方上有多少能力就完成多少任务，三北防护林建设局不再另行安排。对为工程建设做出重大贡献的单位和个人给予奖励，可考虑从国家专项补助中拿出部分来作为奖励基金。

（7）进一步依靠政策、法规的积极作用，保证工程建设有良好的外部环境

一期建设的成功经验是一靠政策、二靠投入。政策调动、法制保障，不失为一种积极的措施。围绕着工程建设，各地已经制

订了不少行之有效的政策、法规，诸如义务工、劳动积累工制度的建立；承包、租赁、拍卖治理四荒地免征农业税；鼓励股份制造林及合作造林；征占用林地补偿费以及对各部门、各行业收取的生态效益补偿费制度；依据《森林法》制定的林木资源保护管理办法、造林绿化管理条例等等。随着我国步入社会主义市场经济的轨道，依法治林，依法发展将显得越来越重要、突出。三期工程要继续执行和用好用足国家和地方对生态工程建设实行的各项优惠政策、法律法规，促进进一步制定出台促进工程发展的新政策法规，以保证工程建设有一个良好的外部环境。

（8）巩固现有成果，使防护林建设在稳定的基础上持续发展

三北防护林体系建设一、二期工程已经顺利完成，建设成果有目共睹。要在保持的基础上不断提高其整体水平，使其更完善、稳定，才能有效地促进后续工程的进一步发展。完善的体系包括合理利用土地资源，农、林、牧合理布局，多林种、多树种结合，多种效益综合发挥，产业化建设和服务体系相互配套的全部内容。体系在横向上包括林种结构适当，树种搭配合理的森林植物群落，以及与区域经济发展水平相适应，资源配置合理，产业结构协调的农、林、牧、工、副比例关系和布局；在纵向上包括森林资源培育，资源开发利用，产品加工到销售的全过程。因此，必须进一步调整优化林种、树种结构，妥善做好林种布局和树种选择，加快低质林改造，注重用科技手段增强病虫害防治（应考虑以生物防治为主，以避免新的环境污染源）、森林防火的能力，与此同时，要花大力气进行林产资源的开发利用，将单一造林绿化型的生产结构，调整为造林绿化、木材生产、林产工业、多种经营几大支柱并举的经济结构，建成能够体现多形式开发、多项目增收、多层次增值的产业体系。通过以上调整，使三北防护林体系建设达到既能改善生态环境，又能促进当地经济发展和广大农民群众脱贫致富意义上的真正的可持续发展。

### 6.3.3 综合评价

对于退耕还林还草、生态移民、三北防护林建设和小流域治理等工程都是从面上解决土地退化问题，等土地已退化了再来防治，比较被动。要在土地未退化之前就进行防护才是从更高层次上解决西部乃至全国的土地退化和环境问题的方法。

为此，在发展经济的同时，要加快推进现代农业建设，发展资源节约和集约经营的技术密集型产业。同时加快推进农业产业结构调整和产业化经营，建设农区畜牧业、草业、良种与栽培饲养管理、综合农田节水、农产品加工、农村能源等一体化产业系统。

有些地方的土地荒漠化是自然原因的结果，我们不要逆大自然而为。我们要做的是减少人为的影响。生态系统是生物体与气候、水、土等诸因素组成的一个相互依存和制约，相对稳定和有自我恢复功能的大系统。某种人为因素的介入可以打破它的稳定和平衡，一旦介入因素削弱或消失，该系统具有逐渐恢复到接近于原自然生态系统状况的自我修复能力。

当前，环境退化和资源稀缺已成为导致我国农村贫困加剧和阻碍农业可持续发展的重要因素。因此，认清导致环境资源退化的根本原因并采取正确的科技和政策对策，对于减缓我国农村环境资源退化以及促进农业的可持续发展具有重要的意义。

人口增长—环境资源退化—贫困理论普遍认为，人口增长是环境恶化和资源过快耗竭的关键原因。由于恶化的环境和资源的稀缺导致贫困，人口增长同贫困就这样通过环境资源退化联系起来了。必须加大努力去控制人口增长的原因之一是要打破人口增长—环境退化—经济贫困的恶性循环。人口增长对资源可获得性和环境质量的诸多负面影响导致了贫困，从全球水平来说也是如此：人口越多意味着要消耗更多的能源，产生更多的污染；同样也意味着需要更多的资源如耕地、居住用地和水源，从而使得森林、湖泊和草地越来越少，并造成更多的污染和生物多样性的损失。最终的结果是导致环境的退化和资源的稀缺，从而不可避免地导致贫困。

世界人口的继续增长是不可避免的。1999 年 10 月，世界人口已经达到 60 亿。工业化国家和发展中国家都经受着人口增长带来的压力，不同的是：在工业化国家，人口增长同其发展过程中的物质繁荣的增长相关；然而在当今的发展中国家中，最穷的国家人口增长最快。最贫困的人口生活在世界上恢复能力最低、环境破坏最严重的地区。对来自外界的压力和冲击的低恢复能力意味着任何外部事件（例如气候变化）的发生都可能促使他们采取使环境进一步退化的行动。当贫困人口生活在生态脆弱地区并通过强化使用有限的自然资源，如通过砍伐森林和过度放牧等作用于环境时，上述的后果就会发生。这里所说的压力包括人口增长以及政府部门决策出的那些不注意维持区域经济与环境之间均衡的刺激手段。从狭义上说，并不能认为贫困是环境退化的全部原因；它只是一种机制，在这种机制下，真的深层次原因转化成使环境退化的行动。换句话说，贫困本身并不一定必然导致环境退化；英国环境经济学家皮尔斯和世界银行的沃福德认为，它取决于贫困人口拥有多大的选择余地以及他们对外界压力和刺激的反应方式。例如，面对由于农作物产量下降等这样的关键因素所导致的实际收入的减少，贫困可能会使农民采取以下行动：

（1）寻求可以扩大农作物产量的未开发土地或可以增加经济收入的未使用的自然资源。例如，开发荒地、荒山、矿山和砍伐森林。这将会是贫困和环境退化之间的直接联系。

（2）在生态敏感的地区通过寻求有利于生态环境的途径来扩大农作物产量或增加经济收入。例如，在山地和坡地采用梯田或生态经济林业、在河流湖泊和池塘采用生态水产养殖的方法。

（3）恢复环境退化地区的生态功能，使之重新成为可开发利用以扩大农作物产量或增加经济收入的地区。例如，效果显著的改造沙漠和盐渍地运动。

（4）通过离开农业，从事其他可以获得较高经济收入的活动以寻求收入保障而不是食物保障。例如，从事手工业、建筑业和商品流通。因此，贫困本身并不一定导致环境退化；它更多地取决于贫困人口的对应策略，而这些对应策略反过来又取决于可能的选择方式、文化因素（受教育的程度、科学技术的普及等）和中央及地方政府的引导政策。然而，由于时间限度的短暂，再加上实际可行的选择极少，贫困又剥夺了贫困人口做出及时反应并采取行动的能力。另外，由于贫困通常与恶劣的健康条件相联系，又使得贫困人口借助体力对外界因素的反应能力的进一步削弱。在我国农村，贫困与文盲相结合也是问题的一部分，因为文盲同样会削弱对外界压力的反应能力，从而构成了无力摆脱贫困的一部分。就这样，贫困的所有表现形式使得无法将贫困同其他导致环境退化的深层次因素分开，导致贫困化的那些因素可能恰恰正是造成环境退化的各种行动的深层次原因。人口增长既是深层次原因也是复合因素。由于人口增长而导致土地和水资源的稀缺程度加剧，贫困变成了促使农村环境退化的手段；从这种观点上看，在政府政策导向错误（如过度鼓励开荒，限定种植作物的品种以提高产量，鼓励人口迁移以减少对自然资源的过度需求等）的情况下，贫困导致了环境退化。

环境退化：从农村走向城市对贫困人口来说，结果是只有两种反应可能发生：他们可能通过使用开放的自然资源以试图补充资源的稀缺；或者可能离开土地移向城市地区。耗尽资源的结果是导致农村环境的退化；移居城市的后果是退化形式的一种转化，也就是从农村环境的退化转化到城市环境的退化。对于从处在人口增长高峰期的 20 世纪六七十年代的中国，直至现在已经人口众多的中国来说，上述这两种反应农民都已经做出，而且在一段时期内还将继续持续下去。尽管中国已经采取了世界上最严格的计划生育政策，但由于人口基数过大，人口增长有"惯性"（或者说有"滞后效应"），在一段时期内它还会继续增长。预计到 2030 年中国人口将超过 16 亿，即超过专家们计算出来的中国国土资源条件的最大承载量。也就是说，在 20 世纪中国注定要一直承受人口过多和资源稀缺的沉重压力，许多家庭可能会陷入贫困。在 20 世纪六七十年代，国家采取的政策（如严厉的户籍政策）限制了第二种反应的发生，所导致的结果是：农民拼命地开垦荒地、砍伐森林和过度放牧，造成了如今急剧的环境退化；而且，在已无足够的未开发的资源可供利用的地区，由于人口的流动迁徙又受到限制，发生了严重的贫困。近 20 年来，放宽了户籍政策，允许人口流动和进入城市，这样虽然在一定程度上缓解了农村环境退化的速度，却又使城市环境退化速度的增加成为必然。

## 1. 农村环境资源退化的科技和政策对策

科技进步与应用——阻止环境资源退化的关键。大力推行能降低人类对净初级生产量的需求的科学技术始终是改变那些对世界生态系统的不良影响和农村环境资源退化的基础。"能降低人类对净初级生产量的需求的科学技术"包含着两方面的含义：一方面是科学技术及其应用能增加农业生产力从而提高了单位资源的产出，能使土地支撑不断增长的人口从而改变了土地资源的承载力。这也是通常意义上的科技应用。另一方面，科学技术还应当被应用于保护森林、湖泊、草地以及生态脆弱地区和改造环境退化地区以恢复其基础的环境功能。为此，农村环境资源退化的科技对策不仅是要发展和推广应用农业生产技术科学，还要加强对资源保护和环境恢复科学的研究和应用，以减缓环境资源的退化，促进我国农业的可持续发展。

科技对策能完全阻止环境退化吗？人口增长导致耕作强度的加大，从而使土壤的自然再生能力遭到破坏，土壤生产力的保持和改善不得不依靠其投入和技术应用。但科技对策能完全阻止环境退化吗？即使科学技术得到显著提高，如同"绿色革命"期间所发生的那样，科技本身也会具有明显的不利于环境的影响。例如，施加化肥对地表状况和地下水系的影响、施加农药对人类健康的影响以及在具有恢复能力的生态系统上进行单一作物的种植从而使生态系统受到冲击和压力的影响等。另一方面，科技的进步和应用并不能完全阻止由于人口膨胀而对未开发资源和生态脆弱环境的使用。归根到底，政策的制定必须继续以加强科技应用、降低人口增长率和适度开发为根本的方向，而不能仅仅依靠技术进步。

## 2. 对贫困与环境退化问题的政策反应

人口政策人口增长对环境和发展有两大类的反作用：通过劳动投入和技术革新，人口增长可能会实际上促进传统意义上的以提高国民生产总值为表征的发展；但由于过度消耗自然资源——初级可再生资源和公共的自然资源，人口增长降低了环境质量，也肯定会阻碍传统意义上的发展。这两大作用的平衡有助于以下观点的形成：人口按现已具有的规模发展，将会损害到人类的未来利益和未来人类的利益。而且这种增长在数量上和质量上都同时威胁着自然资源，以及自然环境能够消纳废物的能力。这里存在着一个看似正确的结论，那就是：没有必要施加干预以降低人口增长率，因为人口增长会起到正的反馈作用，即人口增长会促使农民采用技术革新来提高农业生产力，使之意想不到地成为农业技术进步的一个刺激因素。毋庸置疑，人口增长在某一点上可能会有助于达到最优，在这一点上，人口增长对刺激农业技术进

步的贡献使得生活水平提高。然而事实是，技术变革对土地资源
的生产力的作用速率不一定超过人口增长对土地生产力的不利影
响的速率，从而抵消了技术进步给农村生态环境和经济生活方面
带来的繁荣和希望。同时，赞同人口增长会伴随着技术进步从而
促进发展的观点，并不意味着没有人口增长就不会出现技术进步，
不会出现经济和社会的发展。更明显重要的是，不伴随人口快速
增长的技术变革肯定会优于伴随着人口快速增长的变革。应当说，
发展将使人口稳定增长，但在更多的情况下发展本身常常受到过
快的人口增长的威胁。人口增长的自身管理就是要使增长保持在
自然环境的承载力限度内，或者当人口增长时，就要有技术上的
反应以提高单位资源的产出。

　城市（镇）政策倾向于城市地区的公共投资（如基础设施建
设投资）和小商品经济的搞活被认为是强化了农村向城市的移民
倾向，因为它创造了一个庞大的、有着诱人的经济前景的非正规
部门，像磁石一样吸引着农民。确实，在很多情况下农村人口正
是通过移居到城市而对环境压力做出回应；但是，某种情况下它
使环境退化从乡村转移到了城市。如果没有这些非正规部门吸纳
这种人口流动，那么，城市环境退化的结果会是的确存在，不可
避免的；但如果能吸纳人口流动，这种状况或有希望得到改善。
因为如果城市是国家经济发展的促进因素并能为过剩的农村劳动
力提供就业机会和经济收入的话，公共投资用于城市的基础设施
建设就是必要的。建设大量的小城镇和发展乡镇企业近年来被认
为是解决这两个矛盾的较好办法，并已经在全国范围内积极实施。
尽管城市（镇）扩张、工厂建设和修筑道路等占用耕地的面积在
逐年增加，但同大量的人口留在农村所将要占据的居住用地、对
稀缺的土地资源的过度使用和对未开发的和不宜开发的土地资源
的盲目开发相比，前者还算是一个切合现实的，但也是无可奈何
的选择。城市（镇）化是重要的，能够减少人口增长对农用土地

压力的积极力量；但与此同时，必须注意避免把城市（镇）变成未来环境退化和未来贫困的摇篮。为此，需要及时采取适当的城市（镇）政策以刺激生产力的提高、减少贫困并改进环境。

开发政策单单降低人口增长率对解决环境问题只能起到部分作用，许多其他的因素也造成资源退化，特别是那些由于人口增长而发布的误导性的开发政策。通过改革那些直接或间接影响环境的政府政策，可以取到很大的作用，为此：首先，要在恢复能力很强、最具生产潜力的地区提高农业生产力，从而增加粮食产量，减少因把人口从恢复能力强的区域错误地转移到未开发地区而施加于未开发地区的土地上的压力。第二，政府的政策反应必须通过水资源保护、生态农业、植树造林以及生态林业等措施减少未开发土地的脆弱性。对于具有恢复能力的地区，采用的政策手段还应包括投资、刺激手段、基础设施、信贷、信息流通以及体制的建设和健全（如通过土地和资源的保有权建立和强化资源权）。另外，由于矿产、能源等资源节约的潜力在工业化国家和发展中国家同样存在，因此，适宜的价格政策和适当的刺激手段就为节约资源、减缓环境资源退化提供了巨大的可能性。从特点上看，这些政策似乎比以前注重体制的政策更技术化。事实上，面对环境资源退化和贫困的挑战，这些努力说明了政策的设计应给予那些影响农村环境和影响农业经济活动的因素和信号以充分重视，在一定的投资水平下，通过保护脆弱的资源基础本身就可以得到可观的收益。

# 参考文献

[1] 阿马蒂亚·森：《贫困与饥荒：论权利与剥夺》，王宇、王文玉译，商务印书馆 2001 年版。

[2] 迪帕·纳拉扬等：《谁倾听我们的声音》，付岩梅等译，中国人民大学出版社 2001 年版。

[3] 平狄克·鲁宾费尔德：《微观经济学》，中国人民大学出版社 1997 年版。

[4] 李周、孙若梅：《中国环境问题》，河南人民出版社 2000 年版。

[5] 赵跃龙：《中国脆弱生态环境分布及其综合整治》，中国环境科学出版社 1999 年版。

[6] 汪俊三、金鉴明、蔡德信：《生态破坏经济损失分析》，中国环境科学出版社 1995 年版。

[7] 徐嵩龄：《中国环境破坏的经济损失》，中国环境科学出版社 1998 年版。

[8] 中国防治荒漠化协调小组办公室：《中国荒漠化报告》，1996 年 11 月。

[9] 中国扶贫基金会：《中国扶贫论文精粹》，中国经济出版社 2001 年版。

[10] 夏英：《贫困与发展》，人民出版社 1995 年版。

[11] 张保民、任常青、朴之水：《资源流动与缓贫》，山西经济出版社 1996 年版。

[12] 康晓光：《中国贫困与反贫困理论》，广西人民出版社 1995 年版。

[13] 林毅夫：《制度、技术与中国农业发展》，上海三联书店 1992 年版，第 99 页。

[14] 王生铁：《中国政府消除贫困行为》，湖北科学技术出版社 1997 年版。

[15] 国务院扶贫开发领导小组办公室编：《扶贫统计资料（1978—1998）》。

［16］国家统计局农村社会经济调查总队编：《中国农村贫困监测报告 2000》，中国统计出版社 2001 年版。

［17］国家统计局农村社会经济调查总队编：《中国农村贫困监测报告 2001》，中国统计出版社 2002 年版。

［18］吴国宝：《中国农村扶贫战略研究》，引自《中国社会科学院农村发展研究所研究报告》（2001 年）。

［19］国务院：《中国农村扶贫开发纲要》（2001—2010 年）。

［20］国家环境保护局自然保护司：《中国生态问题报告》，中国环境科学出版社 1999 年版。

［21］姜永华、高鸿斌主编：《中央财政扶贫》，中国财经出版社 1998 年版。

［22］（美）斯塔夫里阿诺斯：《远古以来的人类生命线》，中国社会科学出版社 1992 年版。

［23］（美）阿尔·戈尔：《濒临失衡的地球》，中央编译出版社 1997 年版。

［24］夏晓阳：《留下一个什么样的中国给未来》，改革出版社 1997 年版。

［25］厉以宁：《走向繁荣的战略选择》，经济日报出版社 1993 年版。

［26］厉以宁：《经济学的伦理问题》，上海三联书店 1995 年版。

［27］张信宝等：《中国西南地区脆弱环境类型初探》，北京科学技术出版社 1995 年版。

［28］王小强、白南风：《富饶的贫困》，四川人民出版社 1986 年版。

［29］（美）西奥多·舒尔兹：《改造传统农业》，商务印书馆 1987 年版。

［30］世界银行：《1990 年世界发展报告》，中国财经出版社 1990 年版。

［31］世界银行：《中国：90 年代的扶贫战略》，中国财经出版社 1993 年版。

［32］郭来喜等：《贫困——人类面临的难题》，中国科技出版社 1992 年版。

［33］邓树增等：《技术学导论》，上海科技文献出版社 1987 年版。

［34］刘满强：《技术进步系统论》，社科文献出版社 1994 年版。

［35］（英）R. 库姆斯等：《经济学与技术进步》，商务印书馆 1989 年版。

［36］世界银行：《贫困与对策》，经济管理出版社 1996 年版。

［37］马歇尔：《经济学原理》，商务印书馆 1964 年版。

［38］范大路：《生态农业投资项目外部效益评估研究》，西南财经大学出版社 2001 年版。

［39］ Barrow，C. J．，Land degradation：Development and Breakdown of Terrestrial Environments. Cambridge：Cambridge University Press，1991.

［40］ Chisholm，A. and Dumsday，R．，Land Degradation：Problems and policies. Cambridge：Cambridge University Press，1987.

［41］ H. E. Daly and K. N. Townsend，Sustainable growth：an impossibility theorem，In Valuing the Earth：Economics，Ecology，Ethic，ed. The MIT press，Cambridge，MA，1993.

［42］ Douglas，G. K. ed．，Agricultural sustainability in a changing world order. Boulder，Colorado：westview press，1984.

［43］ John Quiggin，Land degradation：behavioral causes. In Anthony Chisholm Land Degradation：Problem and Policy issue. Cambridge University Press，1987.

［44］ Michael，J. Eden，Land degradation：environment，social and policy issues. In Michael J. Eden and John T. Parry ed．，Land degradation in the tropics：environment，social and policy issues. Printer，London UN，1996.

［45］ 赵其国等：《人类活动与土地退化》，引自全国土地退化防治学术讨论会论文集《中国土地退化防治研究》，1991 年。

［46］ 张伟民等：《我国沙漠化灾害的发展及其危害》，《自然灾害学报》1994 年第 3（3）期。

［47］ 张建林：《土地退化及其政策和管理研究》，北京大学博士论文，2000 年。

［48］ 郑熵：《喀斯特贫困退化土地的生态经济重建》，北京大学硕士论文，1998 年。

［49］ 董光荣等：《我国土地沙漠化的分布与危害》，《干旱区资源与环境》1989 年第 3（4）期。

［50］ 全国农业资源区划办公室：《中国农业后备资源》，1998 年 9 月。

［51］ 张建平：《中国西南地区山地不同土地退化类型特征研究》，兰州大学博士论文，1998 年。

［52］ 彭珂珊、任燕：《我国水土流失的成因、危害及其防治途径》，《资源生

态环境网络研究动态》，2000 年。

[53] 中国科学院地学部：《关于拯救额济纳绿洲的紧急建议》，《地球科学进展》1996 年第 11（1）期。

[54] 仲大军：《关注中国经济的不平衡》，《新经济》2000 年第（9）期。

[55] 应飞虎：《低程度补偿不能激励农民遵守退耕和禁伐令》，《经济学消息报》2000 年第（8）期，第 4 页。

[56] 尚卫红：《公平——社会主义市场经济最基本的道德法则》，《经济问题探索》2000 年第（9）期。

[57] 潘宣、张大全：《陕西省山川秀美示范工程建设探讨》，《陕西水土保持》2001 年第（5）期。

[58] 赵鸣骥：《关于退耕还林还草工程的几个政策性问题》，《林业经济》2001 年第（6）期。

[59] 王丽平、牛泉深：《小流域综合治理是山区经济的增长点》，《山西水土保持科技》2001 年第（2）期。

[60] 陈奇思：《晋西黄土残塬区农业综合发展 10 年攻关实践与思考》，《水土保持研究》2001 年第（4）期。

[61] 刘建强：《榆林小流域水土保持综合治理措施及其效益分析》，《水土保持通报》2000 年第（6）期。

[62] 李代鑫、张国良：《西部地区水利建设规划思路》，《中国水利》2001 年第（9）期。

[63] 白玉峰、赵玉珍：《干旱丘陵山区造林技术》，《中国水土保持》2000 年第（5）期。

[64] 李双喜：《长坪小流域生态经济系统诊断分析》，《长江水土保持》1998 年第（3）期。

[65] 黎锁平：《水土保持学性质研究内容探讨》，《水土保持学报》2001 年第（5）期。

[66] 刘淑珍等：《云南元谋土地荒漠化特征及原因分析》，《中国沙漠》，1996 年第 16（1）期。

[67] 杨明洪：《关于延长退耕还林还草补偿期限的思考》，《四川财政》2001 年第（4）期，第 34—36 页。

［68］ 郭晓鸣、杨明洪：《退耕还林还草补偿机制研究》，《经济研究参考》
　　　 2001 年第（63）期，第 12—26 页。

［69］ 刘春玲：《我国农业可持续发展的科技对策》，《科技进步与对策》1999
　　　 年第（5）期。

［70］ 闵家胤：《生态文明：可持续进化的必由之路》，《未来与发展》1999 年
　　　 第（3）期。

［71］ 孟春、杜志明：《积极探索反贫困的有效途径》，《财政研究资料》1998 年第
　　　（10）期。

［72］ 夏光、赵毅红：《中国环境污染损失的经济计量与研究》，《管理世界》
　　　 1995 年第（6）期。

［73］ 郑易生：《宏观环境污染损失计量中的一个理论方法问题》，《科技导报》
　　　 1996 年第（4）期。

［74］ 赵南起：《我国防治沙漠化面临的严峻形势及对策建议》，《新华文摘》
　　　 1999 年第（9）期。

［75］ 张志良：《生态危机："人口"该负多大责任?》，《新华文摘》1999 年第
　　　（7）期。

［76］ 樊胜岳：《高新才中国荒漠化治理的模式与制度创新》，《中国社会科学》
　　　 2000 年第 6 期。

［77］ 包玉海等：《内蒙古耕地重心移动及其驱动因子分析》，《地理科学进展》
　　　 1998 年第 17（4）期。

［78］ 蔡玉梅等：《我国北方地区后备耕地资源开发的特点、问题及对策》，
　　　《地理科学进展》1999 年第 18（1）期。

［79］ 赵跃龙等：《中国脆弱生态环境分布及其与贫困的关系》，《人文地理》1996
　　　 年第（2）期。

［80］ 程序：《中国可持续农业的过去、现状及未来》，《干旱地区农业研究》
　　　 1998 年第 16（1）期。

［81］ 吴冬秀、王根轩、赵松岭：《黄土高原半干旱地区水土保持植被类型选
　　　 择的生态经济学思考》，《科技导报》1998 年第 10（10）期。

［82］ Helen Ware. Desertification and Population：Sub-Saharan. in：Michael
　　　 H. Glantz. Desertification：Environmental Degradation and around Arid L

and Boulder, Colorado: westview Press, 1997.

[83] Zev. Navel. The Challenges of Desert Landscape Ecology as a trans-disciplinary Problem-solving Oriented Scoence. Journal of Africa Environments, 1989.

[84] Bounajuti, A. , External evaluation of the Plan of Action to Combat Desertification. Desertification Control Bulletin No. 20, UNEP, 1991, pp. 30—33.

[85] Ghabour. S. I and Ayyad, M. A. , The state of rural environment in developing countries. Academy of Scientific Research and Technology, Cairo, 1990, p. 538.

[86] Kulmen F. , Sustainability, regional development and marginal locations, Applied Geography and development, Vol. 39, 1992, pp. 101—105.

[87] Marten G. G. , Productivity, stability, sustainability, equability and autonomy as proprieties agro ecosystem assessment, Agricultural Systems, Vol. 26, 1998, pp. 291—316.

[88] Pallayouto, Environmental Kuznets curves: empirical tests and policy implications, mimeo. , Harvard Institution for International Development, Harvard University, 1993.

[89] UNEP, Status of Desertification and implementation Of United Nations plan of Auction to combat Desertification, 1992.

[90] Thomas Reardon and Stephen A. Vosti, Links Between Rural Poverty and the Environment in Developing Countries: Asset Categories and Investment Poverty. World development, Vol. 23, No. 9, 1995, pp. 1495—1506.

[91] Edward B. Barbier, The Economics of Land Degradation Rural Poverty Linkages in Africa Annual Lecture, 1998.